So is dat Lewen …

So is dat Lewen . . .

Johannes Christiansen, Harrislee, vertällt . . .

skandia

1980

SKANDIA VERLAG . N. A. SØRENSEN KG
FLENSBURG

So is
dat Lewen ...

Johannes Christiansen

Printed in Denmark 1980

Gesamtherstellung:
Thuesen . Bogtryk . Offset
DK-7400 Herning

ISBN 3 88060 021 X

Fröer utgeven worn:
Kleene Lüd vun de Woterkant ... 1978
Lüd vun de Flensburger Kant ... 1979
Skandia Verlag, N. A. Sørensen KG, Flensburg

Inhalt

De Wisch 9
Snack Platt, denn liggst du richtig 11
De Barg 13
De erste Schooldag 24
Över Probesingen un Maikäfers 26
Afrievungen, Mallerspeelen un Landklaun 29
Johannisbrot un Anschovis 31
Över de Koppeln – un Indianerspeel 33
Karsten Bruhn un dat Experiment 35
De Fleeger 39
De letzten Kohharders 41
Revolutschon 45
Dat Ole Gymnasium in de Klostergang 49
Hans Musbek 60
En Lewen för de Frieheit: Café Waldheim 73
Flucht dör't Südermoor 78
De Gestapo sleit to 82
De totale Krieg 83
Eener keem torüch 86
Storm up de Marienholt 89
Sperrtied 94
Rechtlose Tieden 96
Bottermelksupp un Klümp 99
Mit de Kastensläh dör de Winternacht 101
De Foss un de Goos vun Süderholt 103
Piepsmöken in de School 105
Kröschan Stamp, de Tippelbroder 108
Fiete 110
»Vergiftede« Birnen 124
Krüseln 126
De Nachtwächter un de Brand in Schäperhus-Krog 128
Max un Marie 134
Zigeuner in't Dörp 137
Denn is Fröhjohr 142
Up de Gornbank 143

Vörwort

Dat dritte Book in dree Johr. Hät lang duert, vör ick dat erste Book schreev, awer veeles is vörut gahn. Hät' nich ok sien Goodes, Böker erst denn to schrieven, wenn man en Menschenlewen achter sick hät? En Lewen, wor't up un dol güng, wor't mol swatt un mol hell weer, wor so veel passeere, as de Menschheit fröer in Johrhunderte nich belewt hät.

In mien erste Book heff ick säggt; Dat Lewen schrifft Geschichten. Dit sünd ok »Geschichten ut' Lewen«. Ward vertällt ut de egene Kinnertied, över Kriegs- un Nohkriegstieden, över Lüd vun de Schippswerft, Buern, Arbeiter, Schoolmeisters, Kohharders, Zigeuner un Utwannerers. Ward ok vertällt vun Menschen, de vör föftig Johr Mood harrn, gegen de Strom to swimmen, sick för de Frieheit intosätten, weil dat Geweeten se dorto dreev. Sünd Geschichten, de dat Lewen schreev. Dorum de Titel:

– »So is dat Lewen«

De Wisch

Ick denk öft an en Sommerdag,
ick weer en lütte Jung,
as ick, mit Mudder an de Hand,
noh unse Wisch hengung.

Wi seeten baben över'n Diek,
de Wisch weer saftig grön,
ick föhl, dat geev up disse Welt
keen Sted, wor't weer so schön.

De Wind streek liesen dör dat Schilf,
un still weer't rundherum,
sleekst du herünner noh de Kant,
de Häk in't Woter stunn.

De Lerken sungen över't Feld,
de Knick weer vull von Sleehn,
de Zieg pleeg an de Wittklee sick,
wie twee, wi weern alleen.

Geel lücht' dat Kornfeld nebenan,
wietwech, dor weern de Köh an'schralen,
güng langsam al up Obend to,
bald sull de Köh vun't Feld ick halen.

Un Mudder nehm mi bi de Hand
un streek so week mi över't Hoor.
Se harr en sonnige Gemöd,
un dorbi harr se dat so swor.

Ick denk öft an de gröne Wisch
un an de Häkendiek:
Kunn ick di Tied torüch blot dreihn,
güng noh de Wisch ick gliek.

Snack Platt, denn liggst du richtig

Wenn man de Lüd erst wiesmokt hät, dat ehr Spraak nich »fein nuch« is, fangt se an, anners to snacken. Ok wenn't denn mennigmol en dulle Mischmasch ward. So is dat ok mit dat Plattdütsche gahn: As de »feinen, gebüldeten Lüd« anfungen Hochdütsch to snacken, güng't bargdol för Platt. In unse Tied fungen sogor veele Buern an, sick bi't Mißfohrn un Plögen up Hochdütsch to ünnerholen, wat sick meis wunnerlich anhört.

Nu is totogeven, dat' för veele Kinner, de to Hus ümmer Platt spraken harrn, bi'n Schoolanfang swor weer, sick up dat Hochdütsche umtostelln. Mi fallt dor de lütte Fiete Hansen in, de mol to spät to School keem un denn vun Lehrer Hamdorf en bannige Reis kreg. Fiete weer dorvun övertügt, dat em keen Schuld dreep an dat Mallör. He weer rechttiedig vun to Hus wechgahn. Harr soveel Tied hat, dat he ünnerwegs mit sien beiden Blieners noch harr Duxerspann speelen kunnt. Grad vör de School weer he denn in de Schiet fulln. He weer anfungen to blarrn un harr umkehrn mußt. So schietig as he weer un mit sun dreckige Büx kunn he wull nich to School gahn. To Hus harr he sick wuschen, un Mudder harr dorför sorgt, dat he en reine Büx ankreg. Dat weer so gau gahn, dat Fiete de vördere Deel mit de Büxenklapp noh achtern kregen harr, wat em erst upfull, as he in de Stunn mol noh buten musse. He harr söcht un söcht noh de kleene Stump un harr dorbi meis de Büx natt mokt. Nu kreg he Utschell, denn se harrn al beed' un sungen, as he verpustet vun de Dör rinkeem. Weer dat sien Schuld, dat he över en Steen snüffelt un in de Schiet fulln weer? As Hamdorf em afkanzelt harr, sä he dorum:

– »Herr Lehrer, ick heff keen Schuld. Ich war schon hier, abers da full ich ....«

– »Na, du fullst«, grien de Schoolmeister. He kunn't verstahn. Sprooken to Hus un ok up'n Schoolhoff blot Platt, un denn weer't keen Wunner, wenn de Kinner nich torecht keemen. Kröschan Schmidt weer dat mol nich beter gahn. Sien Ollern harrn en lütte Kaat, sotosäggen en Sted' to en Kluckhähn. As Kröschan enes morgens to School sull, harr Mudder meent:

– »Kröschan, bliev du man to Hus. Grotmudder hät schreven,

dat se up Besök kümmt. Du kannst noher de Schimmel vörspannen un ehr in de Möt fohrn.«

Dat sull em recht sien. Weer veel beter, as up de harte Schoolbank to sitten. So harr he denn sien Grotmudder afhalt. Mudder harr dat meistens hill, un de annere Morgen vergeet se, em en Zettel för Lehrer Hamdorf mittogeven. Kröschan weer al fröer to Hus bleven. Meistens weer't wenn se en Swien slachtet harrn un he de Wurstmaschin dreihn sull. Wenn se denn mang de Mettwurst, Lewer- oder Lungwurst weern un alles in de Kök fettig un smeerig weer, harr Mudder em ümmer bannig lövt, wat he vun Knöv harr. Ohne em güng't enfach nich bi't Swienslachten. Awer dat kunn de Schoolmeister wull nich verstahn. Kenne sich sacht nich ut mit Swienslachten un Wurstmoken. Mudder schreev denn ümmer en Zettel, un dorup stunn:

– »Sehr geehrter Herr Lehrer!

Uns Kröschan konnte leider die Schule nich besuchen, weil er Zahnschmerzen hatte.

Hochachtungsvoll
Cathrine Schmidt geb. Hansen

Hamdorf keek denn blot mol dorup un lägge de Zettel tofreden in de Schuvlad'. Wenn Kröschan Tähnweh hat harr, weer dat för em in de Reeg, ok wenn't egentlich dat Swien weer, dat »Tähnweh« kregen harr.

Ditmol harr Mudder nu vergäten, Kröschan de Entschulligungszettel mittogeven. Verdorig, dache he, as he de annere Morgen up de Schoolbank seet un em dat upmol dör de Kopp schoot. Dorbi harr Mudder noch säggt, dat vunwegen de »Tähnweh« bruke se ditmol gornich to nömen. Dat he Grotmudder mit' Fohrwark in de Möt fohrt weer, kunn Hamdorf to weeten kriegen. Keener kunn verlangen, dat en ole Fru vun 75 Johr mit ehrn Kuffer angesläpt keem.

Dat dure nich lang, bit Kröschan uprapen wor. De Schoolmeister wull weeten, worum he gestern nich kam weer. Kröschan stunn langsam up un leep rod an. He stottere erst en bet herum: Denn sätte he nochmal an:

– »Herr Lehrer, ich... ich kunn gestern nich kam, weil ich meine Großmutter...« Denn sätte he nochmol an.

– Verdreiht, nu wor dat swor... »In de Möt fohrn«, wat heete dat denn blot up Hochdütsch? He keek vertwiefelt herup noh de Deck un dache noh. Denn full't em Gott sei Dank in:

...»weil ich meine Großmutter in die Mütze fahren sollte...«

Geev dat en Spoß mang de Kinner, un sogor de Schoolmeister hög sick. In't Dörp hefft se dat noch vertällt as Kröschan Schmidt al old un stackelig weer. Denn sowat beholen de Lüd...

Nich blot för de Kinner, ok för veele Groten weer't fröer nich eenfach, vun't gewohnte Platt up dat »vörnehmere Hochdütsch« övertowesseln. So güng dat mit Mudder Brocks, de um 1900 herum in mien Grotvadders Hus to Miete wahne. In't Dörp harrn se ümmer Platt spraken. Wer en bet »gebüldet« sien wull, versöche sick mangdör up Hochdütsch, weil dat ok bi de feinen Lüd in de Stadt de Mo weer.

So weer dat ok mit Mudder Brocks. Gegenöver vun't Hus leeg en Kornfeld, un dor geev dat mang't Korn Kornbloomen un Moon, awer ok veele Diesteln. As afernteт weer, stunn Mudder Brocks mol bi't apne Fenster un keek över de Koppel noh't Holt heröver. Se wor gewohr, dat Fieti, ehr Jung, barbeen över't Stoppelfeld leep. Dor reep se över de Strat:

– »Fieti, paß mich auf un pädd nich in die Deichseln...«

Is nu mol beter, so to snacken, as een de Snabel wussen is un dorbi nich to vergäten, dat de Mudderspraak ümmer de feinste Spraak is.

De Barg

Dat weer een vun de letzten Daag in' April 1922, morgens twischen fief un söß. Bi de Mietshüser in't Arbeiterdörp klappre af un to en Husdör. Weern Werftarbeiter, de noh de Stadt hendol sulln. De meisten Familien weern vör en poor Johrteihnte hier totrucken, weil up de Schippswerft Lüd brukt worn. Nu arbeiten veele Steden Vadder un Söhns up de Werft.

Ümmer mehr Lüd keemen ut de Hüser herut. Se harrn de Kaffeebuddel in de Jackentasch un drogen en grau- oder blauemalleerte Ätenpott. En lange Arbeitsdag leeg vör se. As se an de Stadtgrenz weern, wor't bargdol güng, slooten se sich to lütte Trupps tosam, so as dat sick rein tofällig ergeev. Worn nich veel Wör wesselt. Se weern noch möh vun de vörige Dag, de veerteihn Stunnen duert harr. Verspörten keen Lust, de Mund uptomoken.

Dure nich lang, bit se an de ersten Hüser vörbi weern. Nu keemen ok Arbeitskollegen ut de Hüser an de Barg un ut de Siedenstraten.Se harrn de glieke Wech: Ümmer bargdol, lang de Nüstadt un toletzt dör de Werftport. Genau so, as vör twee Johrteihnten, weern se ok hüt 2000 Arbeitslüd up de Werft. Sogesehn harr sick siet 1900 nix ännert. Leeg liekers veeles dormang – toletzt de Krieg. In disse slechten Nohkriegsjohre bedüe de Werft för umbi 8000 Land- un Stadtbewahner dat dägliche Brot, ok wenn't suer verdeent wor. Up de Werft geev dat Arbeit in Fredens- un Kriegstieden. Awer de Werft freet ok de Lüd. Vun morgens söß bit obends söß güng dat »SößdageRennen«, stunnen se in tochige Fabrikshallen, leepen se bi Sturm un Regen un in winterliche Küll – so, as de Ameisen – üm de Schippsrump un klarrten buten un binnen up de Holtgerüste herum. Överall lure Gefohr. Keem öft vör, dat en Arbeiter vun't Gerüst störte.

As weer't de Düvel, seet de Akkort se in'Nacken. Sull an't Gerüst wat ännert warn, töven de Schippbuers nich ümmer up de Timmerlüd. Dat koste Tied. Noher, wenn't Mallör passeert weer, wiese sick, dat' nich egol weer, wor de Nagels inhaut worn. Keem ok vör, dat bi de Arbeit en Loop-Plaat verschaven un nich torüchläggt wor. Wer Dag för Dag de glieke Wech lang't Gerüst leep, keek gornich mehr hen, un denn leeg he ünnen mit brakne Knaken. Passeere ümmer wat. De Werft dat weer en Slachtfeld, un't keem ümmer wedder vör, dat en Kolleg up disse Slachtfeld sien Lewen leet .. In' letzten Winter weer de Schippbuer Heine Hinrichsen kort vör de Stapellloop in de Laderum störtet un harr sick dat Genick braken. Stunn en Schipp vör de Aflewerung, so as nu, keemen se mit de Twölfstunnen-Dag nich ut. Noh de

Plackeri keem för veele denn noch »de Barg«, de veele Arbeitslüd mör moke.

Ok wenn't hüt erst up söß togüng, wor nu Lewen up de Barg. Weern nich blot de Werftarbeiter, de't ielig kregen, weil dat tom ersten Mol hult harr. Gelle ok för Mudder Koch, de mit ehr tweerödrige Waag un de Bernhardinerhund de Barg herup truck. Se keem vun de Fischmarkt. En poor Buern weern up de Rüchwech vun de Sprietbrennerie in de Nüstadt, wor se Spöl un Treeber för't Veh halten. Fröer harrn in de Brennerie umbi 100 Ossen stahn, de mästet worn. Nu weern de Buern goode Afnehmers för Spöl un Treeber, un de Fabrikant bruke sick nich um de Ossen kümmern. Körtlich harrn de Werftlüd en wunnerliche Spillewark belewt: In de fröe Morgenstunn weer en Buer mit sien Peerd krüz un quer de Barg hochkam. De Buer weer nüchtern -awer sien Peerd weer besapen. Up de Fabrikhoff harr he för sien Krick wat to supen hem wullt. Dor harrn de Arbeitslüd heemlich Brannwien in't Woter gaten, un he musse mit de duhne Peerd noh Hus fohren.

För de Werftlüd wor dat hüt wedder en Arbeitsdag, de se alles afverlange. Dat güng up söben to, as de grote Werftport se wedder utspütte: Möh un swatt, as keem' se ut' Bargwark. Vör se leeg nu de verdammte Barg, de an ehr Gesundheit tähre. Weern Arbeiter dormang, de veertig Johr in disse Möhl weern, un dat weer nich sporlos vörbigahn. Se weern krumm, lahm un utmergelt vun de Plackeri- un vun de Barg.

Up'n Nohhuswech slooten de meisten sick wedder to lütte Trupps tosam. Ok wenn se möh weern, wor hier un dor dorvun snackt, wat sick in'Loop vun de Dag todragen harr. Wi wöht se mol ünner de Lup nehm, so as se de Barg wedder herupgahn:

Dor weern Lange Siegfried, Korl Pick un Hans Holtschoh. Se hörten to de ersten, de ut de Werftport keemen. Se harrn de glieke Wech:

Dör de Nüstadt, un denn de steile Barg herup. Lange Siegfried, de in de Veertiger weer, weer Nieter. So as sien Macker Hannes Blaukopp, schicken se em meistens noh't Vörschipp, wor se blot de besten Nieters bruken kunnen. To de Nieters hörten ok de Nietenwarmer, de Vörholer, Nietentäller un Stemmer. En Nieter un sien

Helpers mussen sick röhren, wenn 2000 grote Nieten in de Woch schafft warn sulln. Dor weer keen Tied, sick in de Näs to pulen.

Lange Siegfried wahne ok baben up de Barg, wor't noch Graskoppeln un Kornfelder geev, un wor se de Holt liek vör de Dör harrn. Körtlich harr Siegfried mit sien Huswirt Striet kregen. Noh sien Meenung leeg dat blot doran, dat he dat mit de Sozialisten un sien Vermieter dat mit de Börgerlichen hole. He harr noher scharp doröver nohspiekeleert, wordennig he sien Huswirt en utwischen kunn. De annere Dag harr he en Pott rode Mennig vun de Werft mitnahm un de Wänne in beide Stuven rod anstreeken. Wör sick wunnern, de Huswirt, wenn he wedder bi em ankloppe.

Up de Werft wor veeles wechsmäten. Dat kunn en Rest graue Schippsfarv oder de rode Mennig sien, de Lange Siegfried nu för sien Wahnung brukt harr. Wer wull de annere Dag mit en Rest Farv nü anfangen? Up de Werft wor't awer lewer wechsmäten, as dat de Lüd dat kregen. De Pörtners harrn Instrukschons, un se harrn Oogen as en Lux. Wer snappt wor, de wor meld' un kreg tomindest en Verwies – wenn nich gor en Spark.

Awer Siegfried un sien Mackers wußten sick to helpen. Mennigmol verleeten se de Werft in »Geleittog«. Se versammelten sick en Stück vun de Port, un denn störme de Swarm vun alle Kanten gliektiedig heran. För en Pott Mennig, graue Farv, en poor Nageln oder för en bet Pinnholt kunn en Pörtner sick denn nich interesseeren. Keener bruke en slechten Geweten to hem. Weer't nich beter, dat en Werftarbeiter sien Blockwaag, de Gornlaube, dat Stakitt oder de iesernen Pahlen anmole, as dat de Farv verdröge? De Akschoneers keemen liekers nich to kort.

Awer de rode Mennig weer nich blot nödig för't Schipp, för Iesenpahlen oder – so as bi Lange Siegfried- to »Verschönerung« vun de egene Wahnung. Harr sick grad wiest, dat de rode Mennig ok för annere Sakens good weer. Dorvun snacken se hüt up de Nohhuswech:

In de Kädelsmäh harr Heine Brill dat övernahm, sien Mackers mit Zigaretten to belewern. Worn in sien Spind upbewohrt, de mit en Vörhangslott sekert weer. Upmol verswunn en Portschon Zigaretten. Dat güng en poor Mol so, un se weern bannig in de

Brass. Musse eener dor sien, de en Nohslötel harr. Wer kunn dat sien? Eegentlich kunn dat blot dagsöver passeeren. Awer de beiden Nachtwächters kregen ok Bescheed, un se versprooken, sick an de Jagd up de Spitzboov to bedeeligen. De Klauerie weer wiedergahn. Dor harr Heine Brill en goode Idee: As Fierobend weer, stelle he en Pott Mennig baben up sien Spind un tüddere en Draht doran fast. De Pott musse nu vun baben herünnerfalln, wenn de Deev de Dör upmoke.

Nachts, as't rundherum düster weer un sick nix up'n Arbeitsplatz an'Haben röhre, keem de Spitzboov angesleeken. Wer weer't? De eene Wachmann. Se harrn de Bock tom Gärtner mokt. He fummle an de Vörhangslott, sloot up- un moke de Spinddör up. Dor full de Pott mit en verdüvelte Larm hendol, un de rode Mennig ergoot sick över sien Schirmmütz un de feine Antog. Nu weer Holland in Not. Geev blot een Utwech: Dröben in de Moleri weer Terpentin. Awer een Unglück kümmt selten alleen. Intwischen weer he bi sien Macker to Söks. Wunnerlich, dat he so lang utbleev. He weer doch wull nich in' Haben fulln? Kunn sacht passeeren, wor't hüt pickdüster weer. He moke sick up de Socken un söche alles af. Toletzt full't em up, dat in de Moleri Licht brenne. He keek dör't Fenster un fung an, sick to wunnern: Dor stunn de Macker mit sien Jack un de Terpentinbuddeln. Man keem mennigmol dumm afsted, verklore he em. En Pott Mennig weer up em dolfulln un harr sien Tüch versaut.

De annere Morgen geev dat Lewen in de Kädelsmäh: Wat mit de Deev passeert weer, kunn jeder sehn. De Pott Mennig leeg ünnen, un överall weern rode Footsporen. To Fröhstückstied weer't herum up de Werft, un över de Rest kunn de tweete Wachmann se denn upkloren, de intwischen en Licht upgahn weer, de mit dat Licht in de Molerwarksted in Tosamhang stunn.

Dat weer schon so: De rode Mennig weer good för veeles. Nich blot för de Schippe, de iesernen Pahlen un Lange Siegfrieds Wahnung.

Dat güng ümmer wieder bargup. Korl Pick weer en lütte Stück torüchbleven. He harr nich sun lange Been, as Lange Siegfried. Korl weer Timmermann. Wenn sien Mackers de Schippsdeck verläggen un de Planken mit Bolten up de Iesendeck fastmoken, full't em to, de Fugen vun de Decksplanken uttopicken. Dorum weer ut Korl Greve vör en Reeg Johre Korl Pick worn. Denn. bruke man nich lang frogen un nich överläggen, wer meent weer.

För Korl Pick harr't hüt in de Middagsstunn Arger geven. Wer butenvör bi't Schipp arbeite, vertähre sien Supp ünner de Schippsbahm. Dischers, Timmerlüd oder Kuppersmäh, de binnenvör weern, seeten bi't Äten meistens up ehr Warktüchkasten. Korl harr hüt sien Klütenpott mit de Wittkohlsupp bi de Spantenbögers up de Glühaben henstellt, weil he dor tofällig en Warw harr. Weer dor nich en Macker mit sien feine Supp afgleden? He wor noch fünsch, wenn he doran dache. Wenn de Pötte ok eens utsegen, smecke dat wohrhaftig nich eens, wat in de Klütenpott weer.

Korl Pick harr ok sien Gorn, sien Höhner, Duven un Kaninken. He harr sogor en Swien up'n Stall. So as sien Mackers, harr he ok af un to en Rest graue Schippsfarv, rode Mennig – oder ok en bet Pinnholt mit noh Hus nahm. Weer't nich beter, as wenn't verdröge, vergammle un wechsmäten wor? Awer in letzte Tied weer de Kontroll bi de Pörtners besunners scharp. Worn ümmer tumpiger. De Direkschon weer sogor »pinnig bi de Pinnholt«, de Korl för't Füeranmoken bruken sull. Bi de Höker koste alles Geld, un dat weer liekers knapp un wor ümmer weniger wert. Körtlich harr Korl mit de Pörtner Arger kregen. Blot weil he en bet Pinnholt in sien Aktentasch harr. Weer't nich en Skandol, dat en Timmermann nichmol en bet Pinnholt mitnehm dorv?

Dormit weer't erstmol Slutt wesen. Hüt harr soveel Pinnholt up sien Arbeitsplatz herumdreven, dat Korl dat eenfach nich över't Hart bröche, dat dortolaten. Dorum harr he en Bund Pinnholt ünner sien hoche blaue Schirmmütz verstaken un weer dormit an de pinnige Pörtner vörbigahn. Weer alles good gahn. Awer nu, wor't de steile Barg herupgüng, fung dat Pinnholt an, up sien kahle Kopp to drücken.

De Dritte in disse Vörtrupp weer Hans Holtschoh, de jede Morgen in blankputzte Holtschoh noh de Werft güng. He weer Nietentäller un arbeite mit Lange Siegfried tosam. Weer sien Upgaav, binnen in't Schipp de Nieten to kontrolleeren. Wor se verkantet weern – wat ok de beste Nieter passeeren kunn- wor't mit Kriet ankrüzt.

Achter disse Trupp güngen Kollegen, de an de Barg wahnten, en poor Husfruens un Kinner. Denn keemen Hannes Blaukopp, Heine Kraan un Hein Wotermann.

Hannes Blaukopp, en Kirl as en Boom, weer ok Nieter. Heet jo, dat Lengen slimmer is, as Hunger un Dörst, awer de Dörst kann en Mensch ok bannig tosätten. Weer nich to bestrieden, dat'Hannes mennigmol swor full, bi Ede Köhm -halvwegs up vun de Barg- vörbi to kam. Wenn he öft meis blau in't Gesich weer, leeg dat wull liekers mehr an sien swore Arbeit, as an Ede Köhms Punschen. Weer keen Kinnerspeel, vun morgens bit obends de 10 cm langen Nieten mit de swore Hamer halvrund to slahn. Musse nich blot verstahn sien. Sull ok veel Knöv dorto, un umkieken dorv he sick dorbi schon gornich, weil de Nieten sunst utglühten.

De lütte Hein Wotermann, de wieder baben in een vun de »Vagelstraten« wahne, weer Stemmer. He harr siet Johre Iesenplaaten tostemmt, un vun dat Geröter weer he intwischen meis doov worn. Sien Nahm harr he kregen, weil he vör de Stapelloop ümmer de Wotertanks ünnen in't Schipp kontrolleere, dormit se richtig upfüllt weern. Dat weer en swore Upgaav, stunnenlang mang de veelen Rohre herumtokrupen.

Asmus Kontant weer bi't Bargupgahn wiet torüchfulln. He güng hüt för sick alleen, weil de Barg em bannig tosätte. He wahne siet dörtig Johr in en Mietshus in't Arbeiterdörp, wor't nu en poor Hökers, en Slachter, en Bäcker un en Schoster geev. Bi de Höker leeten de meisten Lüd in't Book anschrieven un betolten noh de Lohndag. Dorvun hole Asmus Jensen nix. Sull he för Mudder mol en poor Deele bi'n Höker halen, denn sä he ümmer: »Awer kontant«. Up disse Ort weer he to sien Nahm kam.

Asmus weer Rentner un över de söbentig. He harr wiedermokt up de Werft. De Rente lange nich hen un nich her. He kunn sick ok nich denken, ohne de dägliche Arbeit un ohne de Mackers to sien. He kunn sick ok nich vörstellen. dat de Werft ohne em sien kunn. Nu harr de Direkschon em de Bescheed tokam laten, dat »Slutt« weer. Dormit keem he nich torecht. Dat kunn jo wull nich sien, dat se ohnè em Schippe bun wulln. Asmus weer bibleven, mit de Kaffeebuddel in de Jackentasch un de Klütenpott in de

Hand up Arbeit to gahn. In de List weer he streeken, un he kreg keen Lohn. Awer he moke wieder.

Een vun sien Mackers weer't körtlich nich veel anners gahn. As he Bescheed kreg, dat he upholen sull, weil he över de söbentig weer, wor he so grandessig, dat he sien Modelle kaputtbrook, de se bi't Läggen vun de Holtdäl bruken. He harr meent, denn kunnen se sacht nich wiedermoken un wörn em wedder heranhalen.

Hüt harr Asmus en poor Stunnen en ole Macker hulpen. Denn harr he nich mehr kunnt. He harr sick up sien Geschirrkist sätt, erst en bet Tobak priemt un weer vör Möhigkeit inslapen. Dat Öller moke sick wull liekers bemarkbor. So swor as hüt, weer em de steile Barg up de Nohhuswech noch nich worn. He güng mit krumme Rüch un släpende Schreed. Af un to bleev he stahn. Musse sick erstmol verpusten. Wor em swatt vör de Oogen, un he musse sick up en Steentrepp dolsätten. Hüt wor't em klor, dat'vörbi weer, dat he ferdig weer mit de Schippswerft -un mit de Barg. Dat se Schippe bun mussen ohne em.

Matthies, de Meister, güng up de annere Stratensiet. As Meister harr he för veeles uptokam, un dör sien Brill seeg dat anners ut, as dör de Brill vun en Stemmer, Nieter, Timmermann oder Schippbuer. Mußte wat schafft warn, sunst kreg he Arger mit de Direkschon. Nich jeder nehm sien Arbeit so gewetenhaft, as Hannes Blaukopp, Asmus Kontant oder Lange Siegfried. De Lüd worn dreven dör de Akkord-un en Meister dör de Termine. In de Direkschon kreg Matthies bi jede Schipp sien »Plus-oder Minuspunkte«. För em stunn dormit nich blot dat Renommee up't Speel. Kunn em ok de Funkschon as Meister kosten.

To unbestimmte Tieden moke Matthies sien Turen dör't Schipp. Awer se harrn ehrn »Nohrichtendeenst«, de good funkschoneere. Weer ümmer eener, de bi en Bull-Oog up Utkiek weer. Keem de Meister in Sicht, reep he: »Wohrschu, Matthies kümmt ... »Dat weer awer nich blot de Meister, de unvermodens upkrüzen kunn. Keem vör, dat de ganze »Stab« dör de Werft keem, un denn geev dat Grotallarm. Wenn de Stemmers un Nieters an't Arbeiten weern, kunn man sien egene Wurt nich verstahn. Dor weer dat good, dat se sick ok mit de Teeken – spraak helpen kunnen. Mit Hand'n, Arms un Finger leet sick alles verkloren. Moke de Direkter sien Inspekschon, wiese de Utkiek blot de Form vun en Kugelhoot. Ohne »Nohrichtendeenst« güng dat nich. Bi de Plackeri musse en Werftarbeiter sick ok mol verschnuven köhn. Twölf Stunnen unünnerbraken arbeiten, dat hole keen Peerd ut . . .

De Discher Heine Jörgensen un Peter Goos weern hüt mang de Letzten, de ut de Werftport güngen. Se sulln beide de Barg herup. Peter Goos wahne in't Buerndörp, gegenöver vun de Möhl. Heine harr en lütte Hus wieder buten up't Feld. In letzte Tied harrn se up de Werft mennigmol Schicht arbeiten mußt, un denn keem't vör, dat Heine erst in de Nacht an de Kaat keem. Nu harr dat en Problem geven: Se harrn blot een Husdörslötel. Weer nich eenfach, en tweete Slötel uptodrieven, un dat koste ok Geld. Anna, sien Fru, harr en gesunne Slaap, un se kreg dat nich mit, wenn Heine an de Dör weer. Awer Anna harr Plie, un se harr körtlich en Utwech funnen: Se harrn en Hund, en lütte Spitz. »Fippsie« sleep ümmer bi Anna's Bettföt un harr't veel beter, as Heine. De Spitz sull't wull gewohr warn, wenn Vadder an de Dör weer. Denn sprung he herut ut'Bett un flitze noh de Dör, dormit he em begröten kunn. Blot kleffen däh he nich. Ward wull säggt:

– »En Fru, de nich schellt
un en Hund de nich bellt
dögt nix up de Welt ...«

Awer de Spitz musse man togoode holen, dat he wußte, wer vör de Dör stunn. Körtlich harr Anna nu ehrn »Fippsie« en Tau an de Halsband bunnen un de annere End an ehrn groten Tehn fasttüddert. De Signal-Anlaag har wull so fein funkschoneert: Wenn Heine an de Dör weer, sprung de Spitz ut'Bett, leep noh de Dör, un schon signaliseere de Tau an Anna's grote Tehn, dat de Chef an de Kaat kam weer. Wußte sick wull to helpen, sien Anna. Awer Heine harr meent, se wulln dat »Patent« man liekers för sick beholen.

Güng ümmer wieder de Barg herup, Veele Werftlüd wahnten an

de Barg. Se verswunnen in de Mietshüser oder bogen af noh de Lerken-, Amsel-, Finken-oder Duvenstrat. Dat letzte, besunners steile Stück gehöre de Lüd, de baben up'n Barg wahnten. Lange Siegfried, Korl Pick un Hans Holtschoh weern nu an de letzten Hüser vörbi. An de Sieden weern hoche Wittdorntuhns. Korl Pick, de noch ümmer sien Pinnholt ünner de blaue Schirmmütz harr, bleev nu en bet torüch. Denn seeg he sien Snitt, de Pinnholt ünner de Mütz hervörtohalen. He leet dat Holt in de Aktentasch verswinnen. Däh nich nödig, dat Lange Siegfried un Hans Holtschoh dat mitkregen.

Hugo Iversen, Heine Lux un Willi Lorenzen weern erst spät ut de Werftport kam. De Lehrlings mussen ümmer uprümen un Geschirr wechpacken. Wenn se ok beter to Beens weern as de Olen, dure dat en Tied, vör se dat upholen kunnen. Willi Lorenzen weer siet Fröhjohr 1920 in de Timmermannslehr. Sien Vadder weer Slachter un harr in de Stadt ok mol en egene Laden hat. In de Slachttied güng he ut as Husslachter. In disse unsekeren Nohkriegstieden köffen veele Arbeiters sick en Farken, de mit Drank, Kartüffeln un Gröntüch ut'n egenen Gorn grottrucken un up'n Rest mit en poor Sack Garstenschrot slachtriep mokt wor. Geev en Deel Lüd, de keen Arbeit harrn, un wenn't Swien uteenanner snäden weer, wiese dat sick mennigmol, dat se dat Slachtgeld nich betolen kunnen. Denn musse Jacob Lorenzen sick mit en goode Swiensbraden un de Punschen tofreden geven, för de't bi dat Slachten ümmer lange.

Wat de Werftdirekter weer, de kenne sick ut mit de Tostänne in't Arbeiterdörp. Körtlich harr't harde Lohnverhandlungen geven, un de Arbeiters weern meis up de Barikaden gahn. De Revolutschon vun 1918 weer noch nich vergäten. En Dienstagnohmiddag harrn se sick vör de Direkschonsgebüd' versammelt un noh de Direkter rapen. He weer denn ok herutkam, mit sien feine Kugelhoot, un harr sick baben in de erste Etosch up de Fensterbank sätt. De langen Been leet he noh buten herutbummeln. As't still worn weer, harr he »to dat Volk« spraken un se uteenanner sätt, worum de Werft in disse slechten Tieden nich betere Stunnenlöhne betolen kunn. Dat harrn se sick anhört ohne dormang to roopen. Awer denn harr he liekut verklort, dat se mit de Wochlohn sacht utkam kunnen, wor de meisten Arbeiters ehrn Gorn, Köhner, Kaninken- un sogor en Swien up'n Stall harrn.

Dor weer de Düvel los wesen. Hannes Blaukopp, Lange Siegfried un twee Timmerlüd weern in't Hus störtet. Se harrn de Direkter herutsläpt, in en Schuvkor verlad', ut de Werftport fohrt un de Kor umkippt. Dat mit en Werftdirekter nich good Kirschenäten weer, dat weer nix Nües. Nu stunn't awer fast, dat ok mit de Nieters un Timmerlüd nich to spoßen weer.

Se weern good möh, as se endlich baben up de Barg weern, worvun se up de Stadt hendol kieken kunnen. Nu boog eener noh links, de annere noh rechts af. As Lange Siegfried vör de Husdör ankeem, full't em in, dat he noch en lütte Pott Mennig vun de Werft mitnehm sull. Bi't Molen weer he in de Slaapstuv nich ganz utkam. De Pörtner un de Direkschon kunnen em gornich meenen...

Hans Holtschoh verswunn in de grote Kasern. Ok wenn he möh un hungrig weer, moke he sick al Gedanken doröver, dat sien Holtschoh hüt obend noch putzt warn sulln. Dat nehm Mudder em sacht af.

Korl Pick, de wieder buten in't Strohdackhus wahne, dache noch ümmer an de vertuschte Wittkohlsupp, de nich noh em un nich noh ehr smeckt harr. Nu wor't Tied, dat he wat Ornliches in't Liev kreg. As he in de Kök herinkeem, hale he erstmol sien Pinnholt ut de Aktentasch. Wenn se ok noch so pinnig weern mit de Pinnholt, anschieten däh he se liekers.

Noh en lange Arbeitsdag weern se wedder to Hus. De Barg harr se bannig tosätt. Asmus Kontant weer't klor worn, dat se de Schippe nu ohne em bun mussen. Weer vörbi mit de Arbeit up de Werft. Awer he harr sien Gorn, de Höhner un de Swien, un he kunn för Mudder noh de Höker gahn. Versteiht sick- ümmer blot »kontant«.

Hannes Blaukopp harr dat nich schafft, de Barg herup to kam. As Ede Köhm's Krog neeger keem, harr de Dörst em ümmer mehr plagt.

Dor weer't em glücklicherwies infulln, dat de Nudelsupp bannig soltig smeckt harr. Weer't denn en Wunner mit de unmenschliche Dörst? Dat weer Cathrine's Schuld. As he in sien Överläggungen sowiet kam weer, harr't em vun sülm noh Ede Köhm herintrucken.

Nu kunn he sick mit goode Geweeten de Punschen smecken laten . . .

De erste Schooldag

Hüt, an' 3. April 1912, weer in de nüe School bi de Tegelie de erste Schooldag. Weern umbi sößtig Jungs un Deerns, de -fein utsorteert- up de Holtbänke seeten. Dorvun weern wull de Hälvde ABC-Schützen. De Deerns seeten liek up un dol, mit de Hänner up'n Disch, so as Fräulein Boysen dat hem wull, un moken en tuttige Gesich. En Deel Jungs nehmen dat anners. Se ünnerholten sick unscheneert, as wenn se buten up de Strat weern un bekeeken sick de Kram: Dor weer en grote, ieserne Aben, de swatte Wandtafel un en Schapp, wor achter de Glasdör utstoppte Vageln un tosamrullte Landkorten to sehn weern. Vör de Vageln interesseerten se sick am meisten. Vörn, in de Mitt' vun de Klass, weer de hoche Kateder, wor Fräulein Boysen ehr Utkiekposten harr. An de Wand hungen Biller mit twee statsche Kirls ünner Glas un Rahm, de bannig fein in Tüch weern un veele Ordens an de Bost harrn. Dat' de Kaiser un Bismarck weer, kunnen se nich weeten. In de eene Eck vun de Klass – bi't Fenster – stunn up de Däl ock noch en Spüttnapp. Weer för de Schoolmeisters bestimmt, de disse Dag noch nich upkrüzen.

De meisten Kinner weern vun ehr Mudder henbröcht worn, de sick denn verkrümelt harr. De lütte, rodbackige Willi Lorenzen weer alleen kam. Sien Vadder, de Slachter weer un veel to Husslachten utgüng, harr säggt:
– »Du büst grot nuch, Willi. Kannst de Wech noh'n School licht alleen finnen«.

Willi harr denn noch en Stück Brot mit Sirup in de Hand nahm, de swatte Schiefertafel ünner de Arm klemmt un weer losstäfelt. De Griffel stook in de Büxentasch. Eegentlich harr Mudder ock keen Tied, em in de School aftolewern. Se weern 13 Geswister, un Willi weer Nummer teihn in de lange Reeg. Mudder harr körtlich meent, dat weer nu haabentlich Slutt mit de Nohwuß. Pädden sick al up de Föt. Dormit harr se recht, denn se harrn in de Mietshus blot de Kök, en Wahn- un en Slaapstuv, un dat jüngste Kind harr öft in de ünnerste Kommodschuvlaad' slapen mußt. Willi sleep ümmer up de Däl, grade vör de eene Bett, wor veer vun sien Geswisters ehrn Stammplatz harrn, twee bi de Kopp – un twee bi de Footend. Keem vör, dat Willi nachts ünner de Bett rulle un verbiestert weer wenn he waken wor. Dat weer ock letzte Nacht passeert, un as Mudder em wecken wull, harr se em mang de Flock nich finnen kunnt. Se harr meis glooven kunnt, dat he nachts utneiht weer, weil he hüt to School sull.

Willi's Öllern weern vör veele Johre – kort noh de Hochtied – noh Amerika utwannert, un Vadder harr in Chicago as Slachter arbeit'. Se weern torüchkam, weil Mudder so dull lenge. Nu arbeite Jakob Lorenzen mol as Slachter, mol up de Schippswerft, so as de Gelegenheit sick bo. Bi sun Flock Kinner kunn he sick de Arbeit nich utsöken. Sull veel dorto, ock wenn de beiden öllsten Deerns nu ut' Hus weern.

Hüt seet Willi nu in'School un töve af, wat passeeren sull. En poor Jungs, de he vun de Strat kenne, weern ornlig an'Snödern, klarrten af un to ut de Holtbank herut oder verswunnen gor ünner de Disch. Dormit weer Fräulein Boysen, as dat schiene, nich inverstahn. Se wull ock mitsnacken un vertälle wat vun »stillsitten«. Dat fung good an. Denn keem se vun ehr Utkieksposten hendol, bleev grade vör Willi stahn, keek em fründlich an un froge:

– »Na, wie heißt du denn?«

– »Ick heet Willi«, kreg se to weeten.

– »Na, Willi, wo wohnst du denn?«, bohr se wieder.

– »Ick wahn bi mien Öllern« vertälle Willi.

– »Sag mal, kannst du kein Hochdeutsch?« frog se nu.

– »Nä«, sä Willi, »bi uns to Hus snacken wi blot Platt ...«

Se harr't up em afsehn, un dat glieks an' ersten Dag:

Nu keem de Schiefertafel an de Reeg. Dat weer nich in Ornung so as he dat harr, verklor se. Sulln twee Lappens dorto, een sull

natt sien un de annere tom Afdrögen. Awer hier kenne Willi sick veel beter ut as Fräulein Boysen.
– »Dat deiht gornich nödig«, sä he. »Ick spütt ümmer up de Tafel, un denn wisch ick dat mit de Lappen ut. Dat geiht fein.«

För't övrige güng dat eegentlich recht good an disse erste Schooldag. Noh twee Stunnen kregen se Verlöv, noh Hus to gahn, un Willi kunn sien Schiefertafel wedder ünner de Arm klemmen. De Griffel stook noch ümmer in de Büxentasch. Up'n Rüchwech keem dat Mundwark sogor mang de Deerns, de wat tuttig tosäten harrn, in de Gang. Nu kunnen se snacken so as de Snabel se wussen weer, up Platt.

Över Probesingen un Maikäfers

Dat weer in'Fröhjohr 1915, un siet disse erste Schooldag weern dree Johr vergahn. Veeles harr sick dahn in disse Tied. Willi harr sick al in't erste Johr dormit affinnen mußt, dat to sien Schiefertafel en dröge un en natte Lappen gehören. Veel sworer weer't em worn, bi'n Ünnerricht vun Platt up Hochdütsch övertowesseln. Weer nich eenfach, sick an Fremdspraken to gewöhnen. Vörige Johr, in' August 1914, weer de Krieg utbraken. Nich blot an de Fronten, ock up de Schippswerft un in de Kobbermöhl, wor Munitschon mokt wor, bruken se veele Lüd. Willi's Vadder weer up de Werft, un dat weer sacht beter, as in'Schüttengraben.

Fräulein Boysen weer vun Lehrer Hamdorf aflöst worn. Mit em harrn de Kinner good Fründ sien kunnt, wenn he blot dat verflixte Haun nohlaten wull. Awer dat weer't grade. He harr wunnerliche Maneeren. Moken se toveel Spetakel, leep he rod an, as en Kallekut un kiele en dicke Book över de Köppe vun de Kinner, de sick denn duken- un de Klöder holen. Körtlich weer he ganz katolsch worn:

Dat weer in de Gesangstunn. Jeder sull för sick »Probesingen«, as he dat beteekne. Sowat harr't noch nich geven, un de meisten Kinner weern banning schaneert. Weer liekers spoßig anfungen.

1919: Kinner ut' Arbeiterdörp. Up'n Schoolhoff ünner de Ulmen.

Se sulln sick sülm en Leed utsöken, un de Tur keem denn an de drieste Willi Rasmussen. He weer upstahn, harr en dodernste Gesich mokt, erst en poor Mol tostellt, weil he nich de richtige Ton finnen kunn un denn losposaunt:

– »Im Rinnstein lag ein dicker Mann,
fiete, fiete wiet, bumm bumm ...«

Dor harr Hamdorf em ünnerbraken. Weer en Wunner, dat he em nich glieks de Büxen stramm truck. He harr sick blot umdreiht, weil he sick dat Grienen nich verkniepen kunn, un Willi harr sick blot wedder dolsätten sullt. Denn weer de Reeg an Dres Sörensen kam, de neben Willi seet. Dres wull nich sowat Unklookes singen, un he harr – noh egene Melodie – anstimmt:

– »Es zogen drei Jäger wohl auf die Pirsch,
sie wollten erlegen den weißen Hirsch ...«

Sietdem nennten se em in'School blot »Weißer Hirsch«, wat ock good to sien sneewitte Hoor passe.

As dat Probesingen vörbi weer, wor Hamdorf denn liekers so

dull, dat he sien Vigelin up de Kateder entwei sloog. Ditmol hung dat mit de Maikäfers tosam. Hamdorf harr nix dorgegen, wenn de Kinner obends in de Schummerstunn achter de Maikäfers her weern, se mit en poor Bökenbläder in lütte Schachteln dähn un denn vun »Kaisers, Königs, Müllers, Schosters un Schorsteenfegers« snacken, de ünnereenanner tuscht worn, worbi dat vörkeem, dat ock en Mißkäfer as Schorsteenfeger mit ünnerschaven un verhuddelt wor. Nu, wor't Krieg weer, kunn de Schoolmeister ock verstahn, wenn de Kinner up de Straten sungen:

– Maikäfer fliege, dein Vater ist im Kriege,
deine Mutter ist in Engeland,
Engeland ist abgebrannt...«

Dat passe Hamdorf awer nich in de Kram, wenn de lütten Krabbeltiere mit in'School nahm worn. Hüt harr Jörn Rasmussen, Willi's Broder, en poor Maikäfers mitbröcht. He seet up de achterste Bank, un so full't nich up, as he noh dat Probesingen en »König« ut de Schachtel herutfummle un vörsichtig up de Disch hensätte. De Kinner sulln grade en Leedertext vun de Wandtafel afschrieven. Hamdorf stunn an't Fenster un keek gelangwielt noh de Schoolhoff herut, wor sick en poor Spatzen hauten. De Maikäfer fung an, sick mit Drievstoff uptopumpen. Dat dure en Tied. Denn hoov he af vun de Startbahn: »S – s – st ...«, sä dat, un denn brumme de »König« över de Köppe vun de Kinner, nehm Kurs up Hamdorf un knalle gegen de Fensterschiev. Nu leeg he hülplos up de Rüch un sparke mit de Been. Hamdorf moke argerlich dat Fenster up un smeet de brune Gesell herut up'n Schoolhoff, wor de Spatzen up em töven. Geev em »pienliche Verhör«, awer Hamdorf funn nich herut, wor de Startbahn weer. Dor moke he sien Arger Luft, un de Vigelin musse doran glooven. De Gesangstunn, de so spoßig anfungen weer, nehm en dramatische Utgang. Schuld weern blot de Maikäfers...

Afrievungen, Mallerspeelen un Landklaun

De meisten Mannslüd weern in'Krieg – in Rußland, Belgien, Frankrig. De Fruens stunnen mit ehr Kinner un mit de Sorgen alleen. De Jungens prügelten sick up'n Schoolhoff un veele Lehrers verprügelten de Kinner in de Klassen. Wenn't in de School to dull wor, musse Mudder ock noch de Schoolmeister to Kleeds.

En Vörmiddag sull de krummbeenige Heine Martens noh vörn kam un versahlt warn. Dat weer sotosäggen de dägliche Ratschon. He harr nich veel Meenung dorvun un bleev sitten. Dat weer noh Hamdorfs Meenung wull dat, wat se an de Front as »Befehlsverweigerung« beteeknen. He bröche dat ock nich ferdig. Heine ut de Bank heruttoträcken, weil he sick mit alle Teihn an'Disch fasthole. Meis so, as wenn en Seemann sick en de Reeling klammert, dormit he nich över Bord spölt ward. Dor klarr Hamdorf up de Bank herup un sloog vun baben mit de Reetstock up em dol, worbi he meis de Handmanschetten verlor. Heine hole de Arm över'n Kopp, schreeg as seet he an'Spieß un reep:
– »Dat sägg ick di, wenn mien Vadder in Urlaub kümmt, gifft he di en Knickfull . . .«

Sien Mudder meene wull, dat kunn nich bit to de Fronturlaub töven. So kloppe dat denn de annere Vörmiddag an de Klassendör. Weer Heine's Mudder, de mit de Klassenlehrer spräken wull. Buten vör de Dör güng't hoch her, awer se hörten blot Mudder Martens Stimm. As Hamdorf wedder herinkeem, seeg he ut as en kakte Krebs. Mit de »Knickfull« kunn't nix warn, awer he harr de Kopp wuschen kregen. De »dägliche Ratschon« wor erstmol afsätt.

In de Klass harrn se körtlich en nüe Bild kregen. Martin Luther keek achter Glas un Rahmen up se hendol. Hamdorf harr se vertällt, wor streng sien Mudder em ertrucken harr:
– »Sie schlug ihn wegen einer Haselnuß blutig«, verklor he enes Daags. Heine meene noher, wegen een Nöt harr dat nich nödig dahn. Denn se weern ock däglich bi de Pächter in de Appelgorn un mang de Ofenasten. Övrigens dreev Hamdorf dat nich veel beter

as Martin Luthers Mudder. Dorum dische he sacht disse Geschichte up. Wenn Heine ock veel Prügels kregen harr, weer't mit de Respekt bi em slecht bestellt. Nu, wor Luther jede Dag up se hendolkeek, harr he en passende Vers mokt:

– »Martin Luther, haut sien Mudder
mit de Kruk up de Buk,
up de Liev, o wat schriet dat ole Wiev«.

He sull dat wull de richtige Dreih geven. Steiht fast, dat de Schoolmeister dat ok nich licht harr mit de »Poeten« vun Heine Martens Slag, de nich mol vör Luther Respekt harrn.

De School bi de Tegelie weer erst um de Johrhundertwenn but worn, as de Werftarbeiters vun de Dörper wieder buten up't Land totrucken. För de Kinner weern de Pausen dat beste vun de Schooltied. Denn wor up de Schoolhoff Maller speelt. Harr blot gerade bimmelt, denn störten de Jungs herut ut de Klass. Jeder harr sien Mallerpaas mit Mallers un sien »Bliener«. Söben, acht Jungs slooten sick tosam. Denn wor up de Schoolhoff ünner de Ulmen en lütte Kreis mokt, un jeder lägge sien Part Mallers herin. De Reeg noh wor denn versöcht, mit de Bliener de Kreis – un dormit de Mallers – to drapen. Wat herutduxt weer, kunn inkasseert warn. De een sien Mallerpaas wor denn ümmer dicker un de anner sien ümmer dünner. Keener verstunn sick so good up't Mallerspeelen, as de lütte Heine Martens. Wer sick mit em inleet, ganz gliek, up dat Jörn Rasmussen, Willi Lorenzen oder Hannes Iversen weer, »full ünner de Räubers«, as dat in de Bibel steiht.

Mallers weern düer, un de Groschens weern knapp. Awer wor Tegelien sünd – un se harrn twee liek vör de Dör – dor is ock Lehm, un de weer nich blot good för Tegelsteen. Leeten sick ock Mallers dorut moken. Weern nich so fein, as de köfften, awer Hauptsaak weer, dat man dormit bi't Speelen tolaten wor. In de Lehmbarg wor en Klump Lehm halt, un denn kunn't losgahn. De runnen Kugeln worn to Hus in de Backaben drögt un denn mit Woterfarv anmolt. Hannes Iversen, de up en Buernhoff an de Buterkant vun't Dörp wahne, güng't nich anners, as veele Jungs:

Mudder weer nich grad vergnögt, wenn he mit de runnen,

smeerigen Lehmkugeln ankeem. Se keek em wull frogend vun de Siet an un meen:

– »Na, wat häst du dor wedder vun ole Kram?«

Awer se leet dat to, dat de Lehmkugeln up de Kookenplaat verdeelt un in de Backaben drögt worn. Pepernöten kunnen se nu, in Kriegstieden, liekers nich backen ...

Noh de Schooltied kunnen de Lehmkugeln ock so as se weern brukt warn. Se worn denn up en Stock uppiekt un hoch över't Hus oder över de Stalldack smäten. Denn kunnt passeeren, dat Fru Hansen oder Fru Petersen vun de Strat oder vun de Nohverhoff vertörnt heröverreepen: – »Wer smitt denn dor mit Lehm?«

Up'n Schoolhoff wor tiedwies ock Messerstick speelt. Veer, fief Jungens seeten denn ünner de Ulmen um en Hupen Eer, de as en Mullerwarpshupen utseeg. Güng de Reeg rum: De ole Taschenmeß, de meistens blot een Kling harr, sull de Wech moken över alle Finger noh de Ellbagen, Schuller, Kinn un Näsenspitz un torüch un musse ümmer prall in de Eerhupen stahn blieven. Sunst weer man »af«. Wor ock Landklaun speelt, un dat passe nich slecht to de Kriegstieden . . .

Johannisbrot un Anschovis

Noh de Schooltied wor veel Soldat speelt. Sünndags seeg dat dormit anners ut. Soldatspeelen verdroog sick wull nich recht mit'n Sünndag. Denn güngen veele Kinner to Kino. Dat weer in't Lichtspeelhus Norden in de ünnere Harrisleer Strat. Lang vör't anfung, stunnen de Kinner bit up de Strat herut un tövten dorup, inlaten to warn. Meistens weer't Kino so vull, dat ock de Middelgang un de Siedengänge för Stahplätze brukt worn, wor man sick meis de Hals verrenken kunn.

De Kinner güngen meistens in en gröttere Trupp. Dat weer angebröcht, denn de Stadtsers, de an'Barg wahnten un de Jungs ut Arbeiterdörp weern sick nich recht grön. Wer alleen to Kino güng. kunn sick ünnerwegs en Jackwull inhanneln. De Stadtsers harrn ümmer en Reknung vun de letzte Lehmbarch-Slacht, de se beglieken wulln. Dat weer noch in de Stummfilm-Tied. Weer liekers nich weniger spannend, as hüt »en Krimmi för Mimmi«. Geev Lustspeele mit »Knopchen«, Filme mit Indianers un Trappers, un ick erinner mi tom Bispeel an en Afrikafilm »Unter der Sonne von Lahori«. Mann, weer dat spannend...

Keem vör, dat de een oder annere neben dat Kinogeld ock noch en poor Groschens tom Verknacken mitkregen harr. Awer wat geev dat schon to koopen in disse Kriegstieden, wor blot Rövenschnitzel rieklich weern. De Höker harr höchstens dat dröge Johannisbrot, worup veele Kinner meis leed weern, ock wenn't beter weer, as nix.

En Sünndagnohmiddag, Anfang September, dreep sick en Trupp Kinner, de to Kino wulln. As se bi Höker Nielsen vörbi keemen, besloten se, de Groschens, de se tom Verknacken mitkregen harrn. tosamtoläggen, dormit wat Vernüftiges köfft warn kunn. Peter Höck kreg dat gemeensame Kapital anvertrut un glee in de Hökerladen herin, wor't umsätt warn sull. Dure en Tied, vör he mit vergnögte Gesich ut'n Laden herutkeem. Wat he wull kregen harr? De Akschonäre weern gespannt as en Flitzbaag. He hale en lütte Packen ut de Büxentasch, de in Pergamentpapier inwickelt weer, un denn keemen en poor saftige, scharpe Anschovis tom Vörschien.

Geev dat en Upstand. Kino un Anschovis – harr man sowat al mol hört? Se leeten em verstahn, dat he wull »nich alle Tassen in' Schapp harr« un wulln ehr Geld wedderhem. Ünnerwegs kreg Peter Höck vun sien Mackers Utschimp vun alle Kanten, un dat hole erst up, as't in't Kino düster wor un de Film anfung.

Nu seet Peter dor mit sien Anschovis in de Büxentasch. Wull em nich in'Kopp, worum se vertörnt weern. Weer en saftige Anschovis nich veel beter, as dat harde, dröge Johannisbrot? En Tiedlang keek he sick de Film an un versöche, de Text mittolesen. Awer he keem dormit nich to End vör luter Spekuleeren. Dat geev sick mit de Tied, un nu kreg he alles mit. Grade as de Indianers de Postkutsch överfulln un de ersten Bleekgesichter skalpeert worn, fulln em wedder de Anschovis in. He lange in de Büxentasch:

Verdreiht, de Verpackung weer uteenanner gahn, un twee Anschovis harrn sick in de Büxentasch selvstännig mokt. Dat harr em grade noch fehlt noh al de Arger. He hale erstmol de smeerige Kram herut un fung an, de Anschovis mit Kopp un Steert to vertähren. Smecken so good, dat he sick nu över de Rest hermoke. Dat Pergamentpapier knistere, awer't weer noch duller mit de scharpe Geruch.

– »Büst du richtig klook?«, tuschele Willi Rasmussen em in't Ohr. Nu fungen en poor Jungens achter em ock an to schimpen un holten sick de Näs to. De Platzanwieserin weer upmarksam worn un bahne sick en Wech dör de Middelgang, wor Stahplätze weern. Dor leet Peter Höck de letzte Anschovis in de Büxentasch verswinnen un keek blot liekut noh de Filmwand, as güng em de Kram nix an.

As se ut'n Kino herutkeemen, güng he glieks noh de annere Stratensiet heröver. Wull nich noch mehr Utschimp hem. Weer em ock in de Twischentied nich klor worn, wat se gegen sien Anschovis harrn. Harrn sunst ümmer schimpt up dat dröge Johannisbrot. Em sull't recht sien, denn he harr up disse Ort mit de övrigen Akschonäre nich deelen brukt.

De »letzte Akt« speele ditmol nich in'Kino. Dat töve, bit he to Hus ankeem. As he vun de Kökendör herinkeem, fung sien Mudder glieks an to snuppern. Denn keek se em scharp an un froge, up he in de Büx mokt harr. Dor musse he beichten un de Geschich vun de Johannisbrot un de Anschovis vertälln. Nu kreeg Peter ock noch vun sien Mudder »de Leviten lesen« un mußte de Sünndagsbüx glieks utträcken, weil de Büxentasch schruppt un wuschen warn sull.

Över de Koppeln – un Indianerspeel

Dat Arbeiterdörp leeg an de Stadtgrenz, hoch baben up'n Barg. Hier harrn de Kinner ehr Frieheit. Nohmiddags streeken se över de Koppeln oder dör't Holt. Se keemen denn dör Marie Kruse's

Feldwech, de so lehmig weer, dat mennigmol en Holtschoh steeken bleev. An de Eck leeg dat grote Mietshus, wor't nu – in' Krieg-dull togüng un för de Bewahners slecht utseeg. Regne veele Steden dör, un in de bövere Etosch geev dat Mieters, de mit'n Regenschirm to Bett güngen. Dorum weern veele Familien uttrucken. Awer Swatte Jakobs Öllern harrn utholt. Se wußten sick to helpen: De Kök harrn se deelwies as Ziegenstall inrichtet un in'Winter harr Jakob sien Vadder hulpen, Bräder vun de Footbahm uttorieten un dat Treppengelänner aftobräken, dormit se Füerung harrn. Wenn de Kinner vörbi keemen, seet Jakob mennigmol mit sien Grammophon, de en grote Trichter harr, up de Trepp, un denn kreg he Tohörers.

Hannes Iversen streek öft alleen över de Holtkoppeln, de bit noh de Grenzgraben hendol güngen. Denn leeg he wull up'n Rüch in de Wittklee. Witte Wulken trucken vörbi. Wor hoch dat wull weer? He sloot denn de Oogen un güng mit de Wulken up de Reis, de in Richtung noh de Flensburger För dreven.

Sien Vadder, de nu in'Krieg weer, weer Verwalter up'n Hoff. Awer nu passe Mudder de Kram. Dat Land güng bit noh de Holt hendol. Erst keemen Graskoppeln, wor dat Veh gräse, denn dat Kornfeld un toletzt de Wischen. An de Knicks geev dat ümmer wat Nües. En poor Steden harr de Foß sien Bu in de Wall herindreven. Weer em klor, dat he de Menschen nich trun kunn, denn he harr ümmer en poor »Notutgänge«. Weer meis as in'Kino, wor't ock en »Notutgang« geev.

In disse Tied güng de Jungs nix över Indianerspeel. De Flitzbaag moken se sick ut en Wiechel un en Stück Tau. För de Piele geev't dat Material an de Dieken. De Deckel vun en Margarinekübel, de se bi en Höker updreven, kreg an de Binnersiet Lädderbeslag un Stoffpolsterung un wor so to en Indianerschild. Up de Butersiet stunn denn wull in grote Bookstaven »De fleegende Hirsch« oder »Starker Bär« – mit dat passende Bild dorto. Dat alleen geev unheemlich veel Knöv un Mood. Ock för de Kopp-Putz geev dat Rat: Üp de Höhnerhoff worn Hahnenfeddern sammelt. De Hahn, de noch eben krötig up de Mißpahl kreiht un mit sien Höhner Spoß hat harr, musse mennigmol för en Häuptlingsschmuck de besten Steertfeddern laten, worbi Winnetou's Jünger gern nohhulpen. Veele Jungs pracken so lang mit Mudder herum, bit se sick erweeken leet, en Sackbüx to sniedern. Wenn alles klor weer: Sackbüx, Kopp-Putz, Schild, Tommerhack, Dolch un Speer, kunn't Kriegsbiel utgravt warn. De Bleek – gesichter harrn dat denn mit waschechte Sioux-Indianer, Tscherokesen, Huronen oder Delawaren to doon, de achter smucke Skwavs un blodige Skalps her weern.

Weern mennigmol umbi twintig Jungs, de sick up de Holtkoppeln dreepen. Am besten weer't awer up Landmeeters Moor. Dor geev dat brete Wotergrufften, Moorkuhlen, Heidekrut, Birken, Kratt un överschwemmte Koppeln, de ock mit inbetrucken worn. Keem vör, dat se obends mit dörnatte Büx noh Hus keemen. De Büx wor blot utwrungen un obends bi de Bettföt tom Drögen henläggt. Däh nich nödig, dat Mudder alles mitkreg. Nich wiet vun de Häkendiek, wor Calle Petersens Tegelie legen harr, weer noch ümmer de »Swiensvilla«, de keen heele Fenster un keen Treppen harr. Wor in disse Tied mennigmol vun de Indianers erstürmt, un de Bleekgesichter worn denn an'Marterpaal fastbunnen, worbi dat nich kleenlich togüng.

De Indianerböker worn vun de Jungs meis versluckt. Hannes Iversen harr sien erste Book rein tofällig in de Schossehgraben funnen. Weer mitten in'Sommer, as he buten vör't Hus in't Gras leeg. He harr sick lang dat schietige Bild up'n Umslag bekeken. Dor stunn en Rodhut mit vulle Kriegsbemolung, de sick över de Kant vun en Soot böge un Gifft in't Woter hendolsmeet. Weer nich grad de feine Tur. As he sick in de Text verdeepe, harrn de Indianerböker em dat andahn.

Karsten Bruhn un dat Experiment

Awer alles duert blot sien Tied. Dat' mit' Indianerspeelen uphole, leeg doran, dat se Krieg harrn. In'Krieg weern dat blot Soldaten un nich Indianers, de wat tällten. Dat sull Karsten Bruhn, de nu in'School achter de Kateder seet, de Schoolkinner – Heine Martens, Willi Kreihnband, Jörn Rasmussen un wi se al heeten – wull klor moken. De Oberlehrer Karsten Bruhn stelle wat vör in't Arbeiterdörp. Ock vun't Utsehn, denn he weer grot un breet vun Statur un droog to däglich ümmer en feine blaue Antog. De goldne Urkäd', de över sien Buk spanne, weer nich to översehn, weil he de Jack nich toknöpe. De Stäweln weern up Hochglanz, un to disse besunnere Upmokung höre ock de swatte Slapphoot un en Handstock mit sülverne Beslag. Karsten Bruhn weer dör un dör Patriot. Nu, in Kriegstieden, weer't sien Plicht, de Kinner dorvun to övertügen, dat se dat Glück harrn, in en grote Tied to lewen.

He weer akkrat bi'n Ünnerricht un harr sien faste Fohrplan. Jede Nohmiddag güng he noh de Stadt hendol un hale sick de nüeste Zeitung. Wenn he morgens in de Klass herinkeem, keek de letzte Zeitung mit Frontberichte un Siegesmeldungen ut de Jackentasch. Wor toerst beed' un en Salm sungen. Denn kreg Karsten Bruhn sien Zeitung ut de Jackentasch, falte dat goode Stück vörsichtig uteenanner un vertälle, wat intwischen an de Fronten passeert un worveele Franzosen un Russen gefangen nahm weern. Wenn en grote Slacht gewunnen weer, kunn't passeeren, dat he de Kinner noh Hus schicke. Enes morgens heve de lütte Heine Martens sien Finger hoch.

– »Na, was hast du denn?, frøge Karsten Bruhn.

– Vör Heine vun to Hus losgahn weer, vertälle he, harr sien Mudder grade vun de Nohverin hört, dat se in de letzte Slacht 100.000 Russen gefangen nahm harrn ...

– Karsten Bruhn keek em erst en bet mißtruisch an. Awer Heine moke sun true Gesich, dat he em dat afnehm. Korte Tied dornoh weern de snöternden Kinner up'n Nohuswech. Vörher harr de krummbeenige Heide Martens sick ünner de Ulmen noch mit Jörn Rasmussen prügelt, weil he de 50 Mallers, de he em körtlich leent un bi't Mallerspeelen glieks wedder afknöpt harr, nich betolen wull. He harr Jörn mit sien Holtschoh de Näs »in Saus« haut, em awer nich im Unkloren laten, dat he sien Geld liekers hem wull.

As Karsten Bruhn nohmiddags sien Zeitung dörkeek, söche he umsunst noh de Siegesmeldung mit de 100.000 Russen. Dorum weer't de annere Morgen Heine Martens, de en »Slacht« verlor.

Dat harr he kam sehn un sick vörher en poor Schoolhefte in de Büx staken ...

De Krieg farve af: Nich blot an de Krebsdieken, wor't Jungs geev, de Jagd moken up Tudsen, weil se Tudsenschinken as Köder bruken, nich blot up'n Schoolhoff, wor veel prügelt wor, worbi de Jungs sick mit de Holtschoh in't Gesich slogen. To de Krieg höre nu ock dat Soldatspeelen. Vun Karsten Bruhn harrn de Jungs verstahn, dat Indianers un Trappers nich to disse Tied passen. Tommerhack, Flitzbagen, Schild un Dolch worn aflöst vun Holtgewehre, de se ut en Brett herutsagen, vun Holtsäbeln un Lanzen mit swatt-witte Fahns. Ock in'School wulln de Jungs nu utsehn as richtige Soldaten. So as veele Jungs, harrn Hans un Hannes Iversen solang mit Mudder herumprackt, bit se echte Soldatenknöp an de graue Jack neihe. In de Knooplock harrn se en ole, verslätne Ieserne Krüz-Band. Sogor richtige Schullerstücken harrn se updreven, un Mudder harr se denn fastneiht. Wat däh se nich al för ehr Jungs. So keemen veele Jungs to School, un Karsten Bruhn sull dat recht sien. Noh sien Meenung passe dat blot nich recht to disse Upmokung, dat se barfoot oder in hochklampte Holtschoh güngen.

Nohmiddags wor nu up de Holtkoppeln Soldat speelt un Ünnerstänne but. De Indianerböker weern vun Soldatenböker aflöst worn. Hannes Iversen harr en ganze Kist vull ünner sien Bett stahn. In de Böker weer nohtolesen, dat de Fienden ümmer wat up de Jack kregen. Weer dorum meis nich to verstahn, dat de Krieg ümmer wieder güng un keen End' aftosehn weer.

Hans un Hannes Iversen's Vadder keem in disse Tied up Fronturlaub. As he mol buten in'Kohstall weer, güngen se – afwesselnd – mit sien Soldatenmütz lang de Strat. Wull blot nich recht passen un rutsche se ümmer wedder över de Ohren. Se weern bannig stolt, wenn se ock mol Vadders Ledderkoppel umdoon kunnen, ock wenn se de fastholen mussen. Up de Koppelslott stunn: »Gott mit uns«. Kunn man sick dorup verlaten? Kunn he nich mangdör ock mit de annern sien? Wor se grulich to Mood, as Vadder mol dat Siedengewehr heruttruck, de an de eene Siet as en Saag utseeg. He leeg in Frankrig an de Front, un he vertälle, dat se in de Schüttengrabens bit an de Kneen in de

Schiet stunnen un deep ünner de Eer in Ünnerstänne husten, wor se sick vör Rotten un Lüs nich bargen kunnen. Dat höre sick anners an, as dat wat se in de School hörten ...

De Schoolmeister Karsten Bruhn kenne sick nich blot ut mit de Krieg. He kunn de Kinner ock sunst veeles bibringen. In de School bi de Tegelie harrn se jede Dag een Stunn Religion, un denn vertälle he vun Jesus vun Nazareth un sien Jünger so ergriepend, dat de Kinner mennigmol de Tranen keemen. He weer beleevt bi de Kinner, bruke nich öft de Reetstock un smeet ock nich mit dicke Böger dör de Klass. Eenmol in de Woch lese he obends in'School för de grötteren Kinner spoßige Vertällungen, tom Bispeel vun »De Reis noh de Hamburger Doom«. He bedung sick blot ut, dat se wuschen un frisch kämmt sien sulln. Keem ock vör, dat Karsten Bruhn in de Schooltied lustige Geschichen vertälle. Dor weer tom Bispeel de Saak mit sien »Experiment«, de he en poor Mol mokt harr.

Karsten Bruhn harr dat nich rein tofällig to Oberlehrer bröcht. An em weer en »Forscher« verloren gahn. He harr sick lang mit Charles Darwin's Afstammungs-Theorie befatet, de dorup utgeiht, dat de Geschichte vun de Menschheit in de Böhme anfungen is. Geev dat nich noch hüt Övereenstimmungen twischen Mensch un Tier? Dor weer tom Bispeel »de Krieg«. Weer't nich ock in de Tierwelt so, dat de Stärkere överlewe? Dorum weer de Krieg för de Menschen ock en natürliche Saak.

Awer man bruke gornich sowiet to gahn. Ock sunst verholten sick de Menschen mennigmol nich anners, as de Tiere. Menschen, Tiere un de Natur harrn Karsten Bruhn dat andahn. Wenn he lang de Albertinen-Hoff-Wech güng, weer't em upfulln, wor neeschierig de Köh weern. Worn se em gewohr, holten se up to fräten un keemen över de Koppel angebeestert. Se bleven denn vör de Rick stahn un keeken – un keeken. Weer dat anners mit de Menschen? Weil he dat herutfinnen wull, moke he sien »Experiment«. Dat erste Mol weer't up en Mittwochnohmiddag, een vun de ersten Daag in'Juli. Up sien dägliche Stadttur keem he dör de Nüstadt. As he grade vör't Nordertor weer, bleev he up een Placken mitten up de Börgerstieg stahn un keek in de Himmel herup, as weer he wat Besunneres gewohr worn. Erst güngen de

Lüd vörbi un keeken em blot en bet scheev vun de Siet an. Denn nehm de menschliche Neeschier överhand. Ümmer mehr Footgängers bleven stahn un plierten, so as he, noh'n Himmel herup. Toletzt weer dat swatt vun Lüd, un se mußten up de Strat herutgahn.

– »Wat gifft dat dor baben blot to kieken?,« dachen se wull. Se weeken nich vun'Platz un verrenken sick meis dat Genick. Weer dor wedder en Fleeger, wat in disse Tied mennigmol vörkeem? Hoch baben, över'n Haben, weern blot en poor Möven to sehn. En Polizist weer up de Uploop upmarksam worn un keem neeger. Dor weer Karsten Bruhn tofreden. He nehm kort bi de Hoot, gröte fründlich noh alle Sieden, bahne sick en Wech mang de neeschierigen Lüd un güng wieder: Dat Experiment weer glückt. Weer genau so, as he sick dat dacht harr. De Menschen weern genau so neeschierig, as de Köh an de Albertinenhoff-Wech ...

De Fleeger ...

Dat weer in'August 1917, en Sommerdag mit en blaue, wulkenlose Himmel. Hans un Hannes Iversen seeten mit ehr Mudder bi't Middagäten. Vadder weer nu al dree Johr in'Krieg, un se mussen up'n Hoff fix mithelpen.

De Kökendisch stunn an't Fenster, un se kunnen över de Graskoppel noh de Strat heröverkieken. Upmol hörten se en unheemliche Knall. De Lüd up de Strat bleven stahn, keeken noh'n Himmel herup un fungen denn an to loopen. De beiden Jungs un ehr Mudder sprungen up un ielten up de Hoffplatz herut. Dat erste wat se segen, weer en Mensch, de hoch baben in rasende Fohrt up de Eer tokeem. Arm un Been harr he noh de Siet utbreet', as wull he de Eer umarmen. Genau so harrn de Jungs dat körtlich grade vun Ikaros, de erste fleegende Mensch, lesen, de in't Meer störtet weer, as he de Sonn to neeg keem.

Kröschan, de Gesell vun Schorsteenfegermeister Lützen, de up'n Hoff wahne, weer ock herutlapen, as he de Knall höre. Sien erste Gedanke weer, de Fleeger, de vun'Himmel up se tokeem, to griepen. He störte herin in de lütte Holt, de achter de Peerstall anfung. Dor höre he en unheemliche, piepende Lut un en dumpe Upslag. En Messingstück, so grot as en Kinnerkopp, weer an sien Gesich vörbisust un harr sick deep in de Eer ingravt. Dor keem he to Besinnung un bleev stahn. In de glieke Oogenblick sloog de Fleeger an de Buterkant vun't Holt, twintig Meter vun em, up de Graskoppel hendol.

Wat passeert weer, hörten se glieks dornoh, as Fruens, Kinner, en poor Werftlüd, de Politi un Soldaten herbiströmen: Twee Jagdfleegers, de in disse Daag an de Front sulln, weern över de Koppeln tosamstött. Se harrn vörher noch eenmol en Luftkamp öven sullt. Dat wor de letzte ...

De »fleegende Mensch« weer ut sien Maschin herutstörtet un leeg nu dood in't gröne Gras. Wat vun de Maschin nohbleven weer, leeg wieder baben up de Graskoppel. De Motor harr sick deep in de Eer herinbohrt. De beiden Jungs weern meis as de ersten bi de Fleeger. He leeg dor grade so, as he ut de blaue Himmel up se tokam weer: Mit wiet utbreete Arms un Beens – un deep herinpreßt in de gröne Grasnarv. He harr en Ledderdragt an, un alles weer vull vun Blood un Öl. De tweete Maschin weer en poor hundert Meter dorvun in de Topp vun en Eek störtet un leeg nu up de Graskoppel. Dat weer en unvörstellbore Döreenanner vun Metallstangen, Dröhd', Platen un Deele vun de tweibrakne Flügeln. De Motor un de Benzintank weern noch up ehr Platz. De Jungs keemen grade dorto, as Jakob, Vadders Broder, as erste in de Maschin herupklarre. Gloove wull, dat he noch helpen kunn. Awer de doode Fleeger seet hoch baben inklemmt up de Pilotensitz. Jakob marse lang herum, vör he em heruttrukken kreg. Denn keemen twee Werftarbeiters to Hülp, un se droogen de doode Fleeger herünner noh de Graskoppel. Dat weer gruenfull ...

As en Tied vergahn weer, keemen Sanitätsautos un halten de beiden Dooden af. Se bruken nich mehr an de Front, de beiden Fleegers ... As't up Obend togüng, keemen twee Lastautos vörfohren, un en Trupp Soldaten fung an, alles tosamtosammeln un uptoladen. As se affohrten, weern de Waagens hochbeladen.

De Sted achter de lütte Holt, wor de doode Fleeger in't gröne Gras legen harr, truck de beiden Jungs noch lang an. De »fleegende Mensch« weer so hart upslahn, dat sien Körper sick klor afteekne. As de Winter vörbi weer un't wedder Fröhjohr wor, leeg de Fleeger noch ümmer dor: So, as se em dormols ut'n Himmel hendolstörten segen, mit utbreete Arms un Beens. De Kopp, de Hals, sien Körper – alles teekne sick dütlich af in de gröne Grasnarv.

– »Kiek blot mol«, sä Hannes Iversen denn wull to sien Broder, wenn se still un ergrepen neben de »doode Fleeger« stunnen.

– »He liggt noch ümmer dor . . .«

Se harrn de Krieg erlewt so as't weer. Dat weer anners, as wenn Karsten Bruhn se vun »Slachten un Siege« un vun »de grote Tied« vertälle, in de se lewen. Dat weer ock anners, as wenn se sülm up de Holtkoppeln Soldat speelten.

De letzten Kohharders

Dat weer in'Sommer 1919, een vun de letzten Daag in'August. Güng up Obend to. En Swarm Kreihn truck vun Kluesries noh de Buernholt heröver. Hans un Hannes Iversen, de ölben un dörteihn Johr weern, dreeven en Swung Köh – weern teihn, twölf Stück – lang de stövige Feldwech. An' Nohmiddag harrn se de Köh höd', un nu weern se up de Rüchwech noh de Ulmenhoff.

Vadder, de vör de Krieg Verwalter up en Hoff wesen weer, weer in'Harvst ut'n Krieg torüchkam. In de Kriegsjohre harr de Peerhändler ut de Stadt sick wat anneres infalln laten: Dat Land wor nich mehr ünner de Ploog nahm. He weer anfungen, blot Veh to gräsen. Dorum harr Vadder sick noh wat anneres umsehn mußt. Weer nich eenfach in en Tied, wor alles drünner un dröver güng. He harr Arbeit funnen in de Sprietfabrik in de Nüstadt, un he harr dat swor. För en Buer, de am lewsten buten up de Koppeln weer un nu, as Fabrikarbeiter, de Lunen vun en Meister utlewert weer, kommandeert wor, mennigmol Waggons mit Köhl mit de Schüffel utladen musse oder gor daagelang in en düstere Kädel leeg un Kädelsteen kloppe, weer dat en grusame Verännerung. Mudder güng al siet de Kriegsjohre jeden Dag noh de Ulmenhoff to melken. Wor slecht betolt, awer de Groschens weern knapp. Se halten bi de Höker up Book, un wenn Vadder sünnobends mit de Lohntüt noh Hus keem – de wat dünn weer – kunn Mudder mit de Hökerfru afreknen. Wor dorför sorgt, dat se jed een gerecht warn kunnen. To mehr lange dat nich.

De beiden Jungs hulpen af un to in de Röven oder, so as hüt, Köh to höden. »Kohharders«, so as fröer, geev dat nich mehr. Vör en poor Johrteihnte weer dat in't Dörp noch anners wesen. De Lüd vun de Schippswerft weern blot riek an Kinner, un mennigmol fehle dat an't »dägliche Brot«. Mit teihn, twölv Johr mussen de Kinner ut'Hus. Se worn as Kohharder vermeet un verdeenten sick de Kost, jede Johr en Puscherunt un en poor Holtschoh. Kinner, de nich in't egene Buerndörp afsätt warn kunnen, keemen wiet herut in de Fremm, noh Fröslee, Ellund oder herut up de Geest. Wor se afbleven, dat wiese sick mennigmol erst up de Südermarkt, wor Vadder – oder Mudder – noh en Buer utkeeken, de ehr Kind up de leere Torfwaagen mitnehm wull. Wat up dat Kind töve, kunn keener im vörut säggen. Kunn so gahn, as mit de öllernlose Miene Schmidt ut'Dörp. Noh de Schooltied harr se up't Moor arbeiten mußt, Hunger leden un vun de Fru jede Dag Prügel kregen.

Kohharders, so as fröer, geev dat nich mehr. Güng blot um dat Taschengeld. Wenn de Jungs up de Koppel weern, föhlten se sick liekers as »de letzten Kohharders«. Wenn't vun de Koppel torüchgüng, holten de Köh up Ornung. Se güngen achter eenanner. Se kennten de Wech, un se harrn dat ielig, weil't up Melktied togüng. Achter de Wittdorntuhn weern to Hauptsaak Koppeln mit Kartüffeln un Röven. Up de annere Siet vun de Wech breete sick dat geele Kornfeld. Weern veele Diesteln mang de Rogg. Veele Steden lüchte awer ok de rode Mohn un blaue Kornbloomen. Höre sacht allens tosam: Unkrut un Bloomen. In't Lewen weer't nich anners.

An't Kornfeld, noh de Stadtwech to, sloot sick de Graskoppel, wor de Jungs de Köh höd' harrn. In'Anfang harr dat Veh sick sülm paßt. Harrn dat toerst ümmer hill, sick de Panz vulltohaun.

As dat up Obend togüng, weern se anfungen, up Undög to spekuleeren. So weer dat ümmer. Streeken denn langs de siede Eerwall, de slecht inrickt weer. An de Wall geev dat blot een Wierdraht, un de Rickpahlen weern tom Deel afbraken. Up de Wall stunnen blot hier un dor Dornbüsche, de in disse Tied vull weern vun Millerbeern, de nich slechter smecken, as de Suerkracken. Wenn de Köh erst anfungen, herumtostrieken, recken se de Hals, keeken mit grote Oogen noh't Rövenfeld heröver un slicken sick um't Mul, as kunnen se de Tied nich aftöven. Wenn't sowiet weer, mussen de beiden Kohharders uppassen as de Schöthunnen. Brook dat Veh ut in't Nohverfeld, geev dat Arger...

Solang de Köh sick sülm passen, weern Hans un Hannes Iversen hüt lang de Wallen gahn. Toerst harrn se noh riepe Brombeern Utkiek holen. Hier buten in de Natur geev dat veeles to sehn: Bloomen, Planten, Pilze, egenortige Steen, Käfer, de ielig dör de hitte Sand krabbelten, Bienen, de an de Wittklee hungen un Ameisennester. Achter de Rövenfeld leeg de Sandgruv, wor de Schwalven ehr Nester harrn an de steile Wand.

As se möh weern vun't Loopen, harrn de Kohharders up de Rüch in't Gras legen. Over se breete sick de blaue Himmel. Genau so blau un so hoch weer de Himmel ok vör twee Johr wesen, as de beiden Jagdfleegers över ehr Hus tosamstötten. Grad so as Ikaros, de erste fleegende Mensch, weer de eene Fleeger dormols in unheemliche Fohrt up de Eer tokam. Noher harr he dood in't gröne Gras leegen. Se harrn dat nich vergäten.

Se keeken herup in de blaue, wulkenlose Himmel. Wor hoch dat wull weer? Wor weer de Anfang, wor de End? Fragen, up de't keen Antwurt geev. Oversteeg de menschliche Verstand. Weer wull liekers so, as't in en Kirchenleed heete: »Unser Wissen und Verstand ist von Finsternis umhüllet...«

Mudder harr se en poor Stücken Brot mit Botter un Zucker mitgeven. De harrn se denn vertährt un en Buddel Kaffee dorto drunken. Keen Sted smecke dat so good, as buten up't Feld. De öllere vun de beiden Jungs harr dornoh sien ole Taschenmess ut de Büxentasch halt un, so as de letzten Daag, an sien Christus-Figur schnitzt. Dorup verstunn he sick.

Nu, up de Nohuswech, dache Hannes Iversen doran, wat se up'n Rest up de Koppel erlewt harrn, as se langs de Wallen güngen: In de hitte Sand worn se en grote Ringelnatter gewohr. Harr dat Mul wiet upräten un weer dorbi, en lebennige Tuds herünnertoslucken. De Achterdeel weer al verswunnen. De Tuds harr de Oogen in Doodesangst wiet upräten. Gleed' langsam ümmer wieder herünner. Weer grulich antosehn.

Vör Slangen weern de beiden Kohharders bang. Se leepen ümmer barfoot, un mit Krüzottern weer nich to Spoßen. Se harrn nich so veel Mood, as de »Brillenschoster«, vun de Mudder vertällt harr. Sietdem de Schohmoker Remien anfungen weer, de Buern de richtige Brill to verpassen, harrn se em blot noch de »Brillenschoster« nennt. As he enes Daags dorbi weer, mit de Siechel Heidekrut to meihn, weer en Krüzotter ut'Heidekrut herutschaten un harr em in de Finger beten. He weer nich noh Hus stört', dormit se em noh de Dokter fohrten. – »Straf mutt sien«, harr he säggt. Denn harr he mit sien Siechel de Slang de Kopp afhaut un denn mit en ole Taschenmeß de Finger upsnäden un dat Slangengift utsugt.

Nu, wor de beiden Jungs achter de Köh hergüngen, dachen se noch ümmer an de Slang un de Tuds. Güng grusam to in de Natur. Awer weer dat beter mang de Menschen? Worum musse dat Krieg geven? Millionen weern fulln. Veele harrn Arm un Been verloren. Dor weer tom Bispeel Paul. He keem mennigmol bi Familie Brocks, de in Grotvadders Hus wahnen. He harr sülm vertällt, dat se em in't Lazarett, noh sien Verwundung, dat Been ohne Bedövung afsagt harrn. He harr up en Dischplatte legen un vör Weh mit de Hand'n de Dischkanten afbraken. Nu humple he mit en Holtbeen dör't Lewen.

In Grotvadders Miethus dröben an de Schosseh, de he sick as Afnahm köff harr, harrn se vör de Krieg ok en Deel Johr wahnt. He harr en Reeg Mieters. Dor weer fröer mol Mudder Schubert, de gern mol Wäsche vun de Lien nehm, de nich ehr egene »Monogramm« droog. Dor weer de ümmer vergnögte Male Hansen, de ut Hamburg weer. Wenn se slachtet harrn, geev dat bi Male för alle Huskinner – weer en lütte Dutzend – Swattsuer mit Swienspoten. Wor um de Wett äten, un't keem dorup an, wer de swatteste Snut kreg. Weer dat en Fest. Geev in jede Familie en ole Kleederschapp, un't weer en Spoß, wenn de Huskinner sick utkleeden dorven. Dat heet – se dorven egentlich nich in grote

Pappkartons de Holttrepp vun de erste Etosch hendolreisen, wat ok vörkeem.

De Nohver harr Swien, de bit to 600 Pund wogen. De grote Sög keem af un to ok noh Grotvadders Hoffplatz heröver. Eenmol harrn Hannes un sien Fründ alle Mood tosamnahm un weern de Sög up de Rüch klarrt. Weer de mit se afreist. In de erste Kurv weer de Riedtur to End' gahn ... Weern dormols veele Mieters in Grotvadders Hus. In'Krieg – um 1916 herum, wahnen dor ok Peter un Anna Sörensen. Anna un Male stunnen mennigmol up Kriegsfoot mit eenanner. Peter Sörensen weer ok in'Krieg, grad so as Vadder. Anna güng gern up de Swutsch, to Danz noh de »Angler Hoff«. Wenn de lütte Peter denn up Urlaub keem, lägge se sick fix to Bett un weer krank. De Fronturlauber musse denn kaken, süsseln – un ehr bedeenen, dormit se wedder to Danz kam kunn, wenn he afreist weer.

De beiden Kohharders dreven nu mit de Köh lang de Ulmen--Allee, de noh de Hoff herünnergüng. Mudder töve sacht al in de Melksted. De Mücken speelten, un de Sonn stunn as en rode Schiev achter de Ossenwech. Noh de Schooltied sulln se morgen wedder Köh höden, un se kunnen mit en hitte Dag reknen.

Revolutschon

Jede Krieg geiht mol to End'. So weer dat ok mit de erste Weltkrieg, de an'1. August 1914 anfungen weer. Dat weer an de Dag, as Hans un Hannes Iversen – noh en hitte Erntedag – mit ehr Öllern över de Holtkoppeln güngen. Dor weern de Kirchenklokken ünnen in de Stadt upmol to lüden anfungen. As de Fronten veer Johr dornoh an'Tosambräken weern, harr de Kaiserliche Marine in Kiel Revolutschon mokt. Vadder weer noh Hus kam. Awer wor veele weern buten bleven?

Bald noh de Krieg keem de Afstimmungstied. Karsten Bruhn, de Schoolleiter, weer uphört, noh de Stadt hendol to gahn un sien Zeitung to halen. Vun de veelen »Slachten« in Ost un West kunn he in de School ok nich vertälln. Nu snacke he vun de »Afstimmung«, de an'14. März 1920 sien sull. Wenn se fröer Leeder sungen harrn, so as

– »Es zogen drei Jäger wohl auf die Pirsch,
sie wollten erlegen den weißen Hirsch . . .
oder
– »Wie lieblich schallt durch Busch und Wald . . .«,
sungen se nu jede Dag:
– »Es hat der Fürst vom Inselreich
uns einen Brief gesendet . . .«

Veele Jungens gröhlten dat noch up'n Nohhuswech dör de Straten.

Hans un Hannes Iversen un ehr Vedder vun de Musbek-Hoff harrn in de School hört, dat man sick ok de »Pfadfinders« anslutten kunn. Alleen de Nahm hör sick bannig spannend an, un so keemen se denn to disse Vereen. Weern meis dörtig Jungs, mit de se sick jede Woch in de School in de Apenrader Strat dreepen. Dor worn se up »Pfadfinder« umschoolt. Se kregen nich blot besunnere Tüch. Geev ok en dicke Book, wor se studeeren kunnen, wordennig man sick nachts in Düstern blot noh de Sterns torechtfinnen kunn un veeles mehr. Toletzt sulln Hans un Hannes Iversen mit en poor annere Jungs en Prüfung afläggen as Corned oder Hilfs-Corned. Güng in de School vör sick, un se harrn vörher lang in dat dicke Book büffelt. Weer miensandten en richtige Dokter, de se »up'n Tähn föhlen« sull. He wull bannig veel weeten över de »menschliche Körperbu«, de ut veel to veel Deele besteiht. He wull gornix weeten över de Sterns, de se dat veel mehr andahn harrn.

As de Tur an Hannes Iversen keem, sull he sick – so as sien Vörgänger up't »Peerd« sätten, de an de Siet vun de Turnhalle stunn. Güng enigermaaten. Toletzt wull de Dokter ok noch en Barg över de »menschliche Schädel« weeten, un dat weer en swache Punkt. Erst wiese he up sien egene Kopp, weil he em up'n Wech helpen wull. Wat kunn he blot meenen? De Kirl bleev bi to frogen. Denn keem he neeger, wiese up Hannes sien Kopp un froge argerlich:

– »Na, was hast du denn da oben?«

Hannes weer leed up de Frogeri un meene wull ok, dat weer en dumme Frog.

– »Hoor«, sä he denn.

Dor dreihe de Dokter bi. Leeg wull doran, dat he noher blot »Hilfs-Corned « wor.

Eenes Daags sulln se nachts en Övung in't Klusrieser Holt hem. Dat höre sick bannig spannend an. Se leegen um Middernacht mit en poor Mackers ünner en Dannenboom un froren as en Snieder. Toletzt wor wietwech »hurra« rapen, un se hörten, dat »de Fiend« en annere Sted dörbraken weer. Nu kunnen se noh Hus gahn.

Denn keem de grote Tur wiet herut noh't Westen. En Sünnabendmiddag güng't los. Se marscheerten vun Flensburg noh Osterby. För Kinner vun 12 bit 14 Johr weer dat en ornlige Törn, un se sulln de Dag dorup wedder toruch. De Stadtskinner freuten sick am meisten dorup, »bi de Buern in't Stroh« to slapen. Dat weer noch wat. As de Buer obends anbo, dat twee Jungs in een richtige Fedderbett slapen kunnen, wor dat blot vun Hannes Iversen un sien Vedder vörtrucken. De övrige Trupp leeg in'Peerstall up de Koppsteen-Plaaster in Stroh, un se kregen keen Oog to. Mitten in de Nacht reet sick en Peerd los. Geev wille Upregung, as dat Deert mang se herumtrampe. En Peerd kennten de Stadtjungens wull blot vör'n Waagen. Hans Iversen, de vun to Hus sowat gewohnt weer, kümmere sick um de Utrieter, de bi de Schien vun en Taschenlamp up sien Platz trucken un fastbunnen wor.

De Sünndag geev dat denn de »Geländeövung« in't Holt. Se weern al möh, vör dat anfung. Dornoh sull jeder sien Middagäten kaken. En mitbröchte Atenpott wor mang twee Steens upstellt un Füer böd'. Bi Hans un Hannes Iversen geev dat Plummensupp, de bannig anbrennt un verrökert smecke. Se weern suer, as se up'n Nohmiddag de 20 km torüchmarscheeren sulln. As se kort vör Schäperhus weern, funn »de Chef vun't ganze«, dat se egentlich »to fröh« noh Hus keemen. Dat meenten de dree Jungs-Hans un Hannes Iversen un ehr Vedder-gornich. Dor keem dat to de erste »Revolutschon«. Se sän sick:

– Wofür ist die Straße da?
Zum Marschieren . . .,

slooten sick tosam mit ehr söben Saakens un marscheerten in Gliekschritt – so, as se dat intwischen lehrt harrn – in Richtung Heimat. Ümmer mitten up de Strat. Geev dat en Upstand, as dat »Oberkommando« dat gewohr wor. Man prahle se achternoh, schimpe un draue. Awer se keeken blot vörut.

De annere Dag güngen se noh de »oberste Heeresleitung«. Nenne sick wull »Oberfeldmeister« oder sowat. De Kirl weer Staatsanwalt un droog en Monockel. He weer sotosäggen en grote Tier un in de Stadt bekannt as en bunte Hund. Denn he leep mennigmol in Pfadfinder-Uniform mit korte Büx un dünne stakige Been över'n Holm. Se künnigen de Verdrag un kregen en Sporbedrag, de sick sintwischen ansammelt harr, kontant utbetolt. He weer bannig suer de Staatsanwalt, de achter en »Minister-Schrievdisch« seet. He harr wull intwischen to weeten kregen, dat se »Revolutschon« mokt harrn, meis so, as dormols bi de Kaiserliche Marine in Kiel.

Dat weer egentlich gornich slecht gahn mit de »Revolutschon«. Doran dachen Hans un Hannes Iversen wull ok, as se de Sommer dorup bi en Buer in de Röven weern. Wer Taschengeld hem wull, musse sick dat sülm verdeenen: Mit Köhhöden, in de Kartüffelernte, bi't Rövenhacken oder Rövenupnehmen. Dat weer up'n Harvst, un de Röven sulln vun't Feld. Weer smeerig up de Koppeln, dat Rövenkrut weer klittschenatt, un wenn de Jungs mang de Röven stunnen, worn se dörnatt bit an de Buk. Dat weer en dulle Plackeri, de Röven uptotrecken. Noh ehr Meenung keem de Buer mit de leddige Kastenwaag ümmer veel to gau torüch. Güng ümmer in vulle Draff, un he leet se keen Tied tom Verschnuven. Nohmiddags Klock twee weern se anfungen, un se kunnen de Tied nich aftöven, bit de Klock söß weer. Denn weer Fierobend, un solang güng de Stunnenlohn. Güng hüt so, as se dat en poor Mol belewt harrn: Fief Minuten vör söß keem de Buer mit de Kastenwaag angedraavt, un denn heete dat:

– »Man gau in de Gang. De Waag mutt noch beladen warn«.

Dat smecke se, denn Överstunnen geev dat nich. Se weern

smeerig, dörnatt un möh. Dor geev dat tom tweeten Mol »Revolutschon«: Hans Iversen truck noch twee Röven up, smeet se to Siet un keek sien Broder an:

– »Wi haun in' Sack«, sä he kort.

– »Kumm, wi gahn noh Hus . . .«

Dormit harr dat sick.

De Buer seet baben up sien Kastenwaag un keek se lang achternoh. Sull man dat för möglich holen? Nu harr de Revolutschon bi de Kaiserliche Marine in Kiel ok al de Schoolkinner anstaken. He fohre mit de leddige Kastenwaag noh Hus. Sülm harr he keen Meenung dorvun, bit över de Kneen in't natte Rövenkrut to stahn un de Röven ut de smeerige Eer to trecken . . .

Dat Ole Gymnasium in de Klostergang

Sünd över föftig Johr vergahn. Awer de Schooltied in't Ole Gymnasium in de Klostergang – mang Rodestrat, Pötterstrat un Südermarkt – is nich vergäten. Dat ole Franziskaner-Kloster leeg in de Nohverschap. De Schölers kregen liekers nix to weeten över't Kloster un över Lütke Namensen's Latienschool, de an disse Sted in de Reformatschonstied but wor. Wer weer Lütke Namensen?

Bläders torüch in de Geschich vun de Fördestadt, denn geiht' di up, dat' nich veele Flensburger gifft, de so veel för ehr Heimatstadt dahn hem – un dorbi so slecht behannelt worn – as »Broder Lütke«, de Franziskanermönch, de 1498 geboren wor un Öllern harr, de ut Freesland stammten. He harr an de Sorbonne in Paris studeert un kenne sick ut mit de dän'sche un frees'sche Spraak, kunn Latien, Griechisch un Hebräisch un sprook un schreev en Spraak, de dormols grote Bedütung harr: Platt.

As »Broder Lütke« 1528 noh sien Heimatstadt Flensburg torüchkeem, lewen se mitten in de Reformatschonstied. In disse Johr worn de Franziskanermönche twungen, de Stadt to verlaten, un dat Kloster wor slaten. Lütke Namensen wor ok johrelang ut sien Heimatstadt verwiest, weil he as Franziskanermönch an sien katol'sche Gloov fasthole. He weer un bleev, sien Lewen lang, en övertügte Striedsmann gegen Martin Luther, de noh sien Meenung dat Volk verföhrt harr un vun em as »de Capteyn der Ketter« beteeknet wor. Ok wenn »Broder Lütke« slecht behannelt worn weer, överdroog he 1549 – as sien Öllern storven – ehr Vermögen för en katol'sche Latien-School. Leep noch veel Woter de Frees'sche Barg hendol, bit de School 1567 ferdig wor. Denn moke de Stadt, de mit »Broder Lütke« en dulle Speel dreev, dorut en evangelische Latienschool. Wor em ok in sien Heimatstadt verbaden, sien Mönchskleedung to drägen un sick för sien Gloov intosätten. Awer he geev nich up. En poor Johrteihnte hät he dorto brukt, 1000 Sieden religiöse Schriften up Platt to översätten un Gedichte up Nedderdütsch to schrieven.

In't Ole Gymnasium in de Klostergang, de bi de fröere Latienschool leeg, erinnere man sick in de Twintiger nich mehr an »Broder Lütke«, ok wenn man em 1575, vör de Ingang to de Latienschool sien Graff schüffelt harr. Ick keem in' Fröhjohr 1921 noh't Ole Gymnasium in de Klostergang, de nu to »Middelschool« degradeert worn weer. Bannig fix güng't mi up, dat veeles anners weer, as bi uns buten up't Land. Blot Prügelien mang de Jungs geev dat ok hier. Dat leeg wull an de veer Kriegsjohr, de vörutgahn weern un de dornoh anbrakne willen Tieden. Wer vun't Land noh de Stadtschool keem, kunn wiß up sien, dat de erste oder tweete Dag en handfaste Prügeli up't Programm stunn. In de Klass musse man weeten, mit wem man dat to doon harr.

De Schoolwech bit achter de Südermarkt weer umbi 6 Kilometer. Dorför harrn de Kinner vun't Land ehr egenen Been oder, wer dat Glück harr, en ole Fohrrad. Sülm harr ick Vadders Fohrrad »Modell 1900« övernahm, de keen Frieloop un keen Rüchtritt harr. Geev blot en Handbrems, de ok nich veel döche. Wor liekers Dag för Dag de steile Frees'sche Barg hendolfohrt. De Kurbel mit de beiden Pedalen dreihe sick dorbi unünnerbraken, un de Fohrt musse mit de Föt afbremst warn. Güng alles wull so fein. Blot de Käd' dorv nich bräken. Weer beter, sick dat nich uttomolen.

Veeles weer anners in de Stadtschool. Wor för de Öllern vör allem recht wat dürer. Kunnst nich, so as fröer, in Holtschoh un ole Manschesterbüx ankam. Sulln veele Schoolböker köff warn, un to Ostern – noh de Versättung – höre ümmer de »Swuttenmütz« vun Methmann up de Holm dorto. Dat weer ümmer en grote Dag, un de olen Litzen worn al ünnerwegs afräten, dormit jedereen sehn kunn, dat man mit över kam weer. De »Swuttenmütz« koste 4 Mark un föftig Penn. Weil't Geld dörwech knapp weer un de Litzen mennigmol blot anners worn, keem't ok vör, dat de Mütz bi Methmann blot umkrempelt wor. Dat Schoolgeld sull nu jede Monat rechttiedig an de Stadtkass överwiest warn, un keen een froge, wat Vadder verdeene un worveel Kinner se to Hus weern. Veele Steden musse bannig sport warn, dormit de Kinner de Stadtschool besöken kunnen, un bi uns weer't nich anners.

Veeles weer anners in't Ole Gymnasium in de Klostergang. In de Katrinhoffer School harrn wi in de Pausen ünner de groten Ulmen mit Mallers speelt un mit Messerstick, Landklaun un Liekelie veel Spoß hat. Sun »Kinnerkram« weer wull nich recht wat för en Stadtschool un för Schölers mit »Swuttenmützen«. Tiedwies keem dat in de Pausen to »Hahnenkamp«, wat meis an en Turnier erinnere. Sunst passeere nich veel. De meisten Jungs stunnen in lütte Trupps tosam, vertährten ehr Fröhstück un snacken över de »Paukers«, Schoolarbeiten, Tüchnisse oder Klassenarbeiten. De Afstimmungstied vör de 14. März 1920 harr ick noch in de Katrinhoffer School erlewt. Jede Dag mussen wi dormols de »Grenzlandhymne« singen:

– »Es hat der Fürst vom Inselreich
uns einen Brief gesendet ...«

Up'n Nohuswech wor dat Leed vun en Deel Kinner mit afännerte Text lang de Straten wiedergröhlt. Nu, in disse erste Johre noh de Afstimmung, wor dat Thema »dütsch un dänisch« in de Ole Gymnasium in'däglichen Umgang nich beröhrt. Awer natschonale Gedichte, mennigmol up Platt, stunnen bi veele Schoolfeste mit up't Programm. Weer de Tied vun de Dichters Ferdnand Zachi un Ernst Kleucker, un Plattdütsch stunn hoch in'Kurs. Lange Fiete ut unse Klass, de en dichterische Ader – un nebenbi en »hitte Draat« to Ernst Kleucker harr – wor af un to dorför utsöch, wat up Platt vörtodrägen, un he däh dat gern. Mol full de Wahl ok up mi, un dorför harr ick en bannige Bammel. As ick bi de Schoolfest in de Aula stunn un en Gedich deklameeren sull, föhle ick mi nich good to Mood'. Weer wat Natschonales, un an'Slutt heete dat:

– So wiet de dütsche Eekbohm steiht
un Arbeit ehrt de Stand
so wiet geiht Schild un Nettelblatt,
geiht Sleswig-Holsteen'sch Land...«

Güng mit Text un Betonung recht maneerlich. Awer utgerekent bi de letzten Reegen – vunwegen »Schild un Nettelblatt« – weer't upmol tappenduster. Ick keek verbiestert ut över de grote Versammlung un föhle dat hitt upstiegen. Musse wiedergahn. In de Not fritt de Düvel Fleegen, un dorum moke ick för'n Rest mien egene Text. Mien Broder meene noher, de Slutt harr sick »en bet wunnerlich« anhört, awer sunst geev dat keen Reklamatschons. He harr wull besunners good uppaßt.

In'Fröhjohr 1921, as dat Gastspeel in de Klostergang anfung, weern Krisentieden. De galopperende Inflatschon greep um sick. De Gemeenden harrn leere Kassen. Awer se wußten Rat: Anfang 1920 weern se anfungen, sülm Geldschiens to drucken un in Umloop to bringen. Up de Notgeld-Schiens weer angeven, wor lang se gültig weern un wor se inlöst warn kunnen. Wer sick in de School bither för Breevmarken oder Serienbiller interesseert harr, weer anfungen, up Düvel kumm herut Notgeld – Schiens to sammeln. Jede Mark, de wi Jungs vun't Land mit Rövenhacken un – upträcken oder Köhhöden verdeenten, wor för Notgeld-Schiens anläggt, un in de School wor ünnereenanner tuscht un en swungvulle Hannel dreven. Nu passeere wat in de Pausen.

Vör de beiden Afstimmungen an'10. Februar un 14. März 1920 harrn veele Gemeenden sick bi de egene Gelddruckerie noch wat Besunneres infalln laten: Se harrn de Geldschiens in Bild un Text to Wahlpropaganda brukt. Bi de Stadt Flensburg güng dat ünner de Wahlspruch »Jungs holt fast«, wor en Tautrecken mang Dütschen un Dänen dat Motiv afgeev. In Husby dor güng man up't ganze. Dor weer't de dütsche Michel, de en dänsche Grenzsoldat k.o. sloog, un up Schiens vun Süderbrarup seeg man gor de dän'sche König hoch to Peerds, de mit en bannig fünsche Drachen kämpe.

Veele Notgeld-Schiens tügen awer ok vun Heimatleev, so as tom Bispeel Geldschiens vun de Gemeende Holnis, wor't heete:

– »O wunnerschönes Angelland
so leewlich antosehn,
mien leewes plattdütsch Heimatland,
wor büst Du doch so schön . . .«,

oder en Schien vun de Gemeende Stotel, wor to lesen weer:

– »Heil dir, o Heimat, mit Weib und Kind.
Wir sind stolz, daß wir Friesen sind«.

In Text un Biller wor vertällt, wat sick in fröere Tieden todragen harr. Up en Schien vun Elmshorn stunn ünner't Bild:

– »As de Sweden Elmshorn in Brand harrn leggt,
weer't Gotteshus toerst wedder torecht,
dat schull bedüden: Up Godd wüllt wi bun
in fasten Vertrun . . .«

Ok wenn't slechte Tieden weern, un dat Woter veele Lüd meis bit to de Hals stunn, keem de Humor nich to kort. So stunn up en föftig-Pennig-Schien vun Kreis Diepholt, de noch to mien Sammlung hört:

– »Wor't so veele Lumpen gifft
vun Daag hier up de Welt,
is't keen Wunner, dat man blot
ut Lumpen mokt dat Geld.
Ward doch so mennig Lump verehrt,
de keenen Pennig gellt an Wert«.

Hüt, nohdem över föftig Johr vergahn sünd, steiht' Notgeld bi Sammlers hoch in'Kurs, un so dröppt dat denn ok to, wat up en Notgeld-Schien vun Bad Albersdörp to lesen is:

– »Mit dissen Lappen kannst nix warn,
behol em – he mokt Di nich arm,
un doch is disse Schien begehrt,
denn noher kriegt he grote Wert«.

Nich blot för de Sammlers, ok för de Gemeenden is de Rekmung upgahn. En Barg Schiens worn nich to Inlösung vörläggt, weil de Sammlers se beholten.

Veeles weer dormols anners in't Ole Gymnasium in de Klostergang. Weer noch nich so, dat de Schölers blot »mitmoken« bruken, wenn se de Lun dornoh stunn, un't weer ok noch nich so, dat de Lehrers de Schölers bi't Smöken am lewsten Füer anbeden sulln. För uns weer't liekers en goode School un't gifft Lehrers, an de man sick gern torücherinnert:

Dor weer unse Klassenlehrer Könnecke, de veel to good weer för disse Welt – un för de veelen Bengels, de he französisch bibringen sull. In'letzten Krieg weer he in russische Kriegsgefangenschap fulln un erst vör en poor Johr noh Hus kam. Wenn he Geburtsdag harr, to Wiehnachten oder een Dag vör de groten Ferien, keem't vör, dat he vun sien Schölers en Buddel Jamaica-Rum schenkt kreg. Denn weer he deep röhrt un vertälle in de letzte Stunn vun de Tied, as he in Sibirien weer. Mit de russische Spraak weer he fix torech kam.

Eenes Daags harr en Russ em denn mit en Släh wiet in de sibirische Steppen herutfohrt, wor he Dörps-Schoollehrer wor.

Dat geev in de School ok Lehrers mit en lose Handgelenk. To disse nich so belewte Sort höre de Englischlehrer Ott, vör de dat Pauken vun Vokabeln babenan stunn. Wenn en Schöler afhört wor un de ersten beiden Vokabeln nich kunn, stunn he meistens up vun't Pult un bemöhe sick bedenklich neeg heran. Bi de dritte Vokabel keem't vör, dat em de Hand utrutsche. Gliektiedig rutschen bi sien Kandidat, un mennigmol ok bi de Nebenmann, de övrigen Vokabeln »in de Büx«. De Jungs harrn en bannige Bammel vör em. Awer in de Parallelklass, wor he Klassenlehrer weer, schenken se em liekers af un to en Buddel Rum. Se sän sick wull: »Kleene Geschenke erholen de Fründschap«, un wer sien Vokabeln kunn, keem ok nich slecht över de Runnen.

In de vörletzte Schooljohr worn de beiden Klassen tosamläggt. Nu passeere dat Mallör: Wi mussen Afscheed nehmen vun Könnecke, för de wi dör't Füer gahn weern un kregen Ott. Noh unse Meenung weer't en slechte Tusch. Dat weer kort vör de Ferien. Wi harrn uns mit de nüen Klassenkameroden nich doröver enigen kunn't, wer nu en Geschenk hem sull: Unse ole Klassenlehrer, de wi noch ümmer in französisch harrn, oder de nüe Klassenlehrer. Dat End vun't Leed weer, dat eener vun de »Ott-Partie« – achter unse Rüch – in de vörletzte Pause noh de Südermarkt leep. De nüen Mackers harrn tosamspleißt to en goode Buddel Jamaica-Rum. De Buddel stunn parat in de Schapp un töve blot dorup, in de letzte Stunn an Ott överreicht to warn. De Stunn vörher harrn wi noch Könnecke. Bi sien olen Schölers stunn dat Barometer up Sturm. Awer wat weer to moken? Harrn uns up'n Rest enfach överrumpelt.

Mit en fründliche: »Guten Morgen, Jungs«, keem Könnecke in de Klass herin. Sien Ogen lüchen vergnögt achter de blanken Brillengläser. Freue sick wull ok up de Ferien. Wi harrn uns grade dolsätt, as Max Asmussen, de ut'Norden vun de Stadt weer un to de »Könnecke-Partie« gehöre, sick ut sien Bank herutklemme, up de Schapp tostüere un de Buddel Jamaica-Rum heruthale. Denn deklameere he sien Vers: – »Im Namen der Klasse möchte ich Ihnen diese Flasche Rum überreichen ...« Mit disse »Coup« harr keeneen reknet. De goodmödige Könnecke weer deep röhrt. He meene, dat harr nich nödig dahn, dat wi uns in Unkosten störten, wat blot för de halve Klass todreep. Noher vertälle he wedder vun Sibirien, un wi kregen en feine Stunn. As't vörbi weer, geev dat en bannige Theoter mit de Mackers. Awer de Buddel weer wech, un se mussen nochmol tosamspleißen.

Dat weer al dormols so, dat man de Schoollehrers nich över een Liest slahn kunn. Se weern vun ünnerscheedlich Kulör. För unse Biologilehrer Nielsen ergeev sick mol up'n Harvst en besunnere Upgaav, de em dat andahn harr: Up de ole Klosterkirchhoff, de an de Schoolhoff grenze, sull but warn, un de Arbeiters weern an'

Utschachten. Dorbi harrn se Hülp kregen. Jede Dag segen wi de Biologilehrer Nielsen mit Schüffel un Spaa mitt'mang de Arbeiters, wor he in de Eer herumbuddele. He harr de Jack smäten, arbeite in witte Böverhemd mit Slips un Krag un sweete as en Oss. Nielsen funn unheemlich spannende Sakens, de noher in sien Glasschapp upbewohrt worn. Dorto hörten ok en poor Dodenschädel vun Mönche, de vun de »menschliche Vergänglichkeit« Tüchnis afläggten. Dat höre to Nielsens Upgaven, sien Schölers de Wech vun de Neandertalers bit to de letzten degenereerten menschlichen Exemplare to verkloren, un he moke dat mit Liev un Seel. Sien Ogen lüchen vör Stolt, wenn he bi'n Ünnerricht mit en Dodenschädel in de Hand'n vör de Klass stunn, de Form un de goode Tostand bewunnere un sick dorbi wull ok in de Tied torüchversätte as disse Mönch noch in de Klostergorn – neben unse School – sien heelende Krüter anbue. Nu geev dat awer in de Klass ümmer Bengels, de för Vördräge över de Neandertalers un de Franziskanermönche eenfach nich riep weern un lewer ehrn dummen Flöz moken. Denn weer't as wenn de Vesuv anfung, Füer to spien. Bi de Moralpredik, de denn vun Stapel güng, rullten Nielsen's Ogen un dat Gebiß leeg fri as bi en Gorilla. Langsam güng he up de Sünner to, kreg em in't Genick un smeet em mit dramatische Swung an de Wandtafel. Weer ümmer wedder bühnenriep.

Am slimmsten weer't dorbi för de Nohvers. De »vulkanische Utbruch« weer mit Sprühregen verbunnen, för de se good en Regenschirm harrn bruken kunnt. Awer en betere Biologilehrer as Nielsen geev't wull liekers nich. He güng up in sien Upgaav, un so dorv man sick över vulkanische Utbrüche wull ok nich wunnern.

De Schölers weer't to dormolige Tieden dörwech klor, dat se sick bi'n Ünnerricht maneerlich verholen sulln. Lehrer Hartrampf weer sick liekers doröver klor, dat de Müs nich blot up de Dischen danzen, wenn de Katt – dat heet hier de Schoolmeister – ut de Dör weer. Keem vör, dat' al vörher passeere. He bruke blot mit en Stück Kriet in de Hand an de Wandtafel stahn un de Jungs de Rüch todreihn. Fung nich wedder eener an to tuscheln un to grienen? He hole denn up to schrieven, bleev mit'Gesich noh de Tafel stahn, un denn keem ümmer de glieke Utspruch:

– »Da hat wieder mal einer aus dem Hinterhalt mit einem giftigen Pfeil auf mich geschossen ...«

Dat weer de Anfang vun en moralische Vördrag, de ümmer erst afbraken wor, wenn buten up de Gang de Pause inbimmelt wor. Se weern wedder mol good över de Runnen kam ...

De Schoolmeister Lorenzen, de to Hauptsaak in Dütsch un Religion ünnerrichte, harr ok sien egene Kulör. He weer fröer Müllergesell wesen. Veeles moke he up sien egene, sinnige Tur, ohne veel Wör to verleeren. Dor weer in de Klass tom Bispeel Andres Hansen ut Engelsby. He weer lang un dünn un harr Ogen as en Fisch, un dorum nennten se em blot »Hering«. He stötte en bet an bi't Spräken, un dat weer ümmer am slimmsten, wenn de Schoollehrer em utfrogen wull. Denn stunn he up un fung an: – »Te-te-te ...« He kunn un kunn nich dormit torech kam. Wenn Lorenzen denn noh'n Fenster güng un gelangwielt herutkeek, stötte »Hering« sien Nohver an un tuschle:
– »Sägg mi to, sägg mi to ...«

Awer Lorenzen weer en goode Mensch. He reep em denn noh vörn, drück em en Stück Kriet in de Hand, un denn sull »Hering« dat an de Wandtafel schrieven, wat he gornich wusse.

Awer in de Reeg vun de Schoolmeisters an't Ole Gymnasium in de Klostergang dörv eener nich vergäten warn: De Rektor Peter Schmidt, de ünner de Schölers ünner de Nahm »Pie Smie« güng. He weer en Baas in »Matte« un Algebra. Mennigmol snacke he bi'n Ünnerricht vun »R-Quadrat-Pie«, un vun dor to sien Nahm »Pie Smie« weer't nich wiet. De verflixten Bengels wohrten up alles, un se weern slimm mit' Överdrieven. Se harrn herutfunnen, dat he »fünfzig« nich richtig utspräken kunn. Höre sick an noh »fummsich«, un dormit harrn se denn noch ehrn Spoß up'n Schoolhoff. Vör »Pie Smie« mit de goldinfatede Brill un de hoche, stiefe Eckkrag harrn se bannige Manschetten. Dorbi kunn he bi'n Ünnerrich – wenn he en besunners goode Dag harr – ok unfriwillig för Spoß sorgen. Geev harte Winters in de Twintiger. Kunnst up Slittschoh noh de Osseninseln, bit noh Grabensteen un sogor noh Sonderburg loopen. En Flensburger, de dat Haafer stook, dreev't mol so wiet, mit sien Auto vun Jürgensby över de Haben to fohren, worbi he kort vör't Bollwark inknacke.

In disse Tied keem't vör, dat »Pie Smie« sick up fröere Wintertieden besunn. Denn vergeet he »Matte« un Algebra un vertälle ut sien Kinnertied, as se Släh fohrten un över de Flensburger För piekerten. He weer dünn un lang upschaten, un wenn he denn de Piekerie praktisch vörföhre, seeg dat bannig spoßig ut. Dat weer em sacht nich klor, dat veele Jungens buten vun't Land noch ümmer mit ehr Kastenschläh över de Dieken un langs de Straten »piekerten«.

Mol keem dat to en Twischenfall, wor »Pie Smie« un en Snörband in' Middelpunkt stunnen. Mit en Snörband harrn de Jungs mennigmol Arger. Mit Geld kunn man nich so rief sien, un wenn en Snörband reet, kunnst nich glieks ernüern. Passeere ok meistens, wenn't am slechtesten passe: Fröhmorgens, wenn man to School sull un't ielig harr – oder gor in de Schooltied. So güng dat en Schöler ok mol. Noh en Pause harr dat bimmelt, un de Jungens drängten sick langs de halvdüstere Gang noh ehr Klassen. Dor wor en Schöler gewohr, dat eener vun de groten Jungs Mallör hat harr: Sien Snörband weer räten. Nu stunn he in't Gewöhl en bet an de Siet, harr sick bückt un weer dorbi, sien Snörband tosamtoknütten. He harr em de Achtersteven todreiht. Dor kunn he dat nich laten, uttohalen un em een up de Schinken to kloppen. He dache »em sloog dat Peerd«, as de »Schöler« hochkeem: Dat weer de Rektor »Pie Smie«, un de Rollen worn fix vertuscht. Vör he sick dat verseeg, harr he een an de Back, un denn kunn »Pie Smie« an sien Snörband wiedertüddeln.

Dat güng uns nich anners, as de meisten Schölers. Wi kennten de Lehrers blot ut de Sicht vun de Schoolbank. Wer wußte schon, dat de Rektor »Pie Smie« ut Langballigholt weer, to Hus sogor Platt sprook, Gedichte deklameere un gern sung, wenn't em dorbi ok swor full, de richtige Ton to drapen. Keener harr dorvun hört, dat he mit sien Kinner gern dör de Marienholt güng un se denn vun Rehe, Haasen un Föß vertälle un dat he en Meister in't königliche Schachspeel weer, worbi he dorin so wiet upgüng, dat sien Schachbrett mennigmol sogor neben de Suppenteller leeg. »Pie Smie« harr ok sien egene Lewens-Filosofie. Poesie-Albums weern dormols de grote Mo, un so schreev he sien Dochter mol in't Album: – »Begrüße das Licht jeden Tages mit neuer Freude, und wenn Dir etwas Unangenehmes passiert, dividiere es auf der Stelle durch »2«. Denn es ist halb so schlimm . . .«

Sünd över föftig Johr vergahn, siet wi in't Ole Gymnasium in de Klostergang güngen. Awer veeles is nich vergäten: Dat ole Kloster un de Pötterstrat, wor de Jungs bi Hans Nachtigall Teekenstunnen harrn. Up mitbröchte Stöhle seeten se denn in de smucke Strat un molten de lütten Hüser mit de Treppenupgänge. Wor alles noher afbraken, weil kole Betonhüser höcher in'Kurs stunnen, as de smucken Fachwarkshüser, de en Deel weern vun de Stadtgeschich. Vergäten sünd nich Lehrer Goos, de uns up en feine Ort in de »Geschichte« inföhre, Fräulein Braack, de uns dat Evangelium neeg bröche – un vör allem nich de lütte Jüdin Suse Wolff vun Jägerslust, de ümmer en lange, swatte Kleed mit en witte Krag drog. Se wor vun de Nazis – vun unmenschliche Rassenfanatikers – in de Dod dreven.

Tom Slutt will ick noch wat vun »lange Max« vertälln, de junge, langupschatne Gesang- un Musiklehrer, de enes Daags upkrüze. He harr preuß'sche Hoorsnitt un en bannig lose Handgelenk. Geev Jungens, de bi Paster Kähler vun Nicolai to Konfirmandenünnerricht güngen. As se mol up'n Rüchwech weern vun't Luther-Hus, wor »lange Max« gewohr, dat en Schöler en Stück vun'Börgerstieg up de Buplatz stunn. An de Eck vun de Südermarkt wor grade de grote Kasten but, un de Muerlüd weern dorbi, Mörtel noh baben to heißen. De Schöler harr em de Rüch todreiht. Harr he em nich sehn, oder harr he keen Meenung dorvun, em to gröten un sien Mütz aftonehm? Dormit »pädagogisch« nix versümt wor, güng he up'n Buplatz un sloog em mit sien Handstock över de Krüz. Harr nich veel fehlt, dat de vertörnten Muerlüd em wat up de Jack geven harrn, un he moke sick fix ut de Stoff. Dat weer »lange Max« – un ick wer de Schöler.

Dat liggt nu wiet torüch. Is awer gornich lang her, dor wor de Erinnerung an disse Tied – un ok an »lange Max« – unvermodens upfrischt. Dree fröere Schölers vun't Ole Gymnasium in de Klostergang, de intwischen um de sößtig weern, dreepen up de Strat mit em tosam. He weer lang penschoneert un güng nu up de 80 to. Noh so lange Tied full't em swor, sien fröere »Schölers« ünnertobringen.

– »Sie kenn ich doch? Richtig«, meen he, as de erste sien Nahm sä.

– »Was sind Sie eigentlich geworden?«

Jo, vertäll sien Gegenöver, he weer dormols bi de Post ankam, harr't mit de Johre tom Inspekter bröch un weer dormit good tofreden.

Nu güng dat Raden wieder mit de Nebenmann. As he de Nahm höre, kunn he sick ok up em besinnen. Awer he wull ok hier gern herutfinnen, worto sien »Schöler« dat bröch harr. He nicke tofreden, as he verklort kreg, dat de tweete Koopmann worn weer un intwischen en poor Hüser harr. De dritte »Schöler« harr sick in'Achtergrund verkrapen, as wenn he sick nich utfrogen laten wull. Wenn't noh »lange Max« güng, sull he awer nich so dorvun afkam.

– »Kennen tu ich Sie doch?«, meen he un keek em frogend an. Nu musse de Macker jo Farv bekennen. As de Nahm full, wor sien Gegenöver bannig grantig. Nu seeg he so ut, as se em in Erinnerung harrn. Scharp mustere he em dör de Brillengläser. Denn schoot dat ut em herut:

– »Sie waren ja damals ein ganz frecher in der Schule . . .«

Disse, intwischen umbi sößtig, wor meis flau un moke en Gesicht as en arme Sünner.

– »Was ist denn bloß aus Ihnen geworden? »bohr« lange Max« wieder. Sien Gegenöver weer noh de harde Beurdeelung wull wedder to sick kam. He grien em in't Gesich un meen denn sinning:

–»Weeten Se, ick bün Rektor an en Zentralschool . . .«

Över eenes weern de dree olen Schölers sick noher enig: Se harrn nümmer belewt, dat sick ener so fix up de Hacken umdreiht harr un afhult weer, as »lange Max«.

Hans Musbek

Dat weer in'Fröhjohr 1930, in de fröe Morgenstunn. Hans Musbek weer an' Plögen. De beiden Füß trucken de swore Ploog gliekmäßig över de Koppel. Hans weer am besten topaß, wenn he hier buten up't Feld sick alleen överlaten weer. Dor föhle he sick frie, dor weer keener, de em dormang snacken kunn. Hüt weer't besunners schön. De Nevel harr sick deelt un weer verflagen, de Sonn weer dörkam, un rundherum stunnen Lerken as lütte swatte Punkte an'Himmel.

De ersten Möven harrn sick ok al infunnen vun de Flensburger För. Wör nich lang duern, bit he se as en witte Wulk achter de Ploog harr. En Swarm Kreihn weer up de Rüchwech noh't Klusrieser Holt. Nachts harrn se ehrn Slaapplatz in de hochen Böken in't Buernholt. Nebenan schreegen de Kiewiets över de Graskoppel. Weer Fröhjohr in de Luft, un't däh good, lang uttoschrieden un de klore Morgenluft deep intoatmen.

Hans Musbek harr gern mit de beiden Füß to doon. He hole awer am meisten vun de Schimmel, de he gestern harr beslahn laten. Mit Peere verstunn he umtogahn. Sogor Jakob, sien Vadder, de mennigmol wat uttosätten harr, musse togeven, dat sien jüngste Söhn, de eenuntwintig weer, good to Peerds seet. Un Jakob musse dat weeten, denn he harr vun 1888 bit 1890 bi't erste Gardeulaanen-Regiment in Potsdam deent. De Deerns in Berlin muchen dormols de Ulaanen-Uniform lieden, un Jakob much ok de Deerns lieden. Jakob weer bannig stolt up sien Ulaanentied. In de Kamer neben de Kök hung noch ümmer dat Bild ut sien aktive Deensttied achter Glas un Rahm. Wiese en Gardeulaan hoch to Peerds, mit de Lanz in de Hand, un dorünner stunn:

– »Es lebe hoch das Regiment,
das sich mit Stolz das erste nennt...«

Mangdör weer Hans Musbek in disse fröe Morgenstunn mit sien Gedanken wiet wech. Geev Saakens, över de he nohspekuleere: He kunn nich biblieven, up de Familienhoff achter de Ploog to gahn. As Jungkirl kunn't angahn, awer he wull ok mol de Been ünner de egene Disch sätten. En Hoff pachten, doran weer nich to denken. Sull veel Geld dorto, un se harrn slechte Tieden. As Arbeitsmann gahn, so as sien Vadder dat fröer mol dahn harr? He weer Buer mit Liev un Seel un kunn sick dormit nich anfrünnen. Wer Arbeit harr, kunn ok dagdäglich dormit reknen, en Spark to kriegen. Nu harr sogor de Schippswerft de Porten dicht mokt.

As dat 1914 Krieg geev – Hans weer dormols söß – weern se up de Musbek-Hoff fief Jungs un twee Deerns. Sien öllsten Bröders, Kidde un Peter, weern an de Front kam. Kidde harr de Slachten an de Somme un vör Verdun mitmokt. He harr öft dorvun vertällt. Mol harrn se in de veerte Well angriepen sullt. Dor leegen de fullnen Kameroden een Meter övereenanner, un se mussen doröver henwech klarrn. He weer ok in Rumänien wesen un sprook mennigmol vun »de junge Rumän«. Se sulln angriepen un harrn en Schüttengraben uprullt. Toletzt lewe blot noch een junge Rumän, de sick nich ergeven wull. As he vun alle Sieden bedrängt wor un dat Gewehr em ut de Hand slahn wor, harr en Kamerod em mit'Bajonett dolstaken. Kidde harr de Krieg överlewt.

Weer anners gahn mit Peter. In'Januar 1918 weern se dörfroren up en französ'sche Buernhoff ankam. As se Füer moken, reken se nich dormit, dat in de Aben en Handgranat leeg. Peter harr't dat Lewen kost. Dree Jungs vun de Musbek-Hoff weern noh de Krieg noh Amerika utwannert. Hans harr sick bither nich dorto entslutten kunnt. He hung an sien Tohus, de Buernarbeit, dat Dörp, de Heimat. Awer in de Heimat weer ok för em keen Tokunft. De Ole weer taag, un he kunn noch veele Johre de Tögel in de Hand'n beholen. Wenn he enes Daags de Hoff afgeev, harr Kidde, de Ollste, dat Anrecht dorup. Gelle noch ümmer dat »Erstgeburtsrecht«, so as dat in't ole Testament vun Jakob un Esau nohtolesen weer.

Up de Nohverhoff över de Lachsbachtal seeg dat nich anners ut. Dor weern ok dree vun de veer Jungs noh de Vereenigte Staaten utwannert. Ut Nüjork schreven se recht toversichtlich. Se arbeiten in Delikatessen-Ladens, de meis Dag un Nacht aben weer. Eener harr nu sien egene »Store«, as se dat nennten. Dröben, up de annere Siet vun de »grote Diek« wor nich frogt noh Lehrtied, Tüchnisse un Vörspraak. Keem dorup an, totopacken.

An de Schooltied dache Hans Musbek nich gern torüch. Se harrn ümmer up de Hoff helpen mußt. Mit twölf Johr worn de Jungs up't Feld herutschickt tom Plögen. Kidde, sien öllste Broder, de nu in San Francisco an de »Woterfront« arbeite, harr öft doröver klagt, dat he sick in de Kinnertied bi't Plögen krumm un scheev släpt harr, weil he de swore Ploog nich hochheven kunn. As sien jüngere Bröders an de Reeg weern, güngt nich veel anners. De Arbeit up de Hoff keem toerst. För de Schoolarbeiten bleev keen Tied. Geev veele Kinner, de nich dorto keemen. De Schoolmeister boog dat up sien Ort torecht. Wenn se morgens beed' un en Salm sungen harrn, sulln de Sünners sick friewillig mellem. Hans höre meis ümmer to't »friewillige Upgebot«. Se mussen denn noh vörn kam, sick bücken un kregen de Achterend versahlt. De Rethstock leeg ümmer parat up de Schapp. Hans harr sick eenmol en poor Schoolhefte in de Büx staken, awer Lehrer Kasch harr dat markt, un he musse se heruthalen. Weer em verdammt pienlich wesen, weil de Deerns dat mitkregen.

Näh, in de School weer Hans Musbek to Hauptsaak verprügelt worn. Dat heet, good reknen harr he ümmer kunnt. Dorum kunn he sick ok utreknen, dat' för em in de Heimat keen Tokunft geev. As he disse Obend vun't Feld torüchkeem un de beiden Füß utspanne, harr he sick entslaten, so as sien dree Bröders, uttowannern. He wull se wiesen, dat he't in Amerika to wat bringen kunn. Noh en poor Johr wull he mit de tosamsporten Dollars torüchkam un sick in de Heimat – am lewsten in't egene Dörp – en Buernsted koopen. Anni, sien Lewste, töve sacht en poor Johr up em. Kunn sien, dat se sogor achternoh keem.

Up de Nohverhoff över de Lachsbachtal harr Guschi, de Letzte vun de veer Requate-Jungs, sick intwischen ok entslaten, noh Amerika uttowannern. An'13. April 1930 klarrten Hans un Guschi up de Flensburger Bahnhoff in de Tog, de se noh Hamburg bröche. Weer nich veel, wat se in de Koffer harrn. Dat Geld för de Overfohrt harr Hans sick tosamsport. To Hus harr he toletzt föftig Mark in de Monat verdeent. Jakob harr en Koh verköfft un de letzten 1000 Mark herutrückt. De beiden Utwannerers harrn sick för en lütte Schipp entslaten. Up en grote Ozeandamper kunnen se för de glieke Pries blot mitkam, wenn se ünnerwegs arbeiten. Se wulln wat vun de Seereis hem. Dat kregen se ok. Up de Atlantik geev dat en unheemliche Storm. Tiedwies seeg dat gornich dornoh ut, dat se in de Vereenigte Staaten ankam sulln. Nich blot de meisten Passagere, ok veele Seelüd weern so krank, dat se nich lewen un nich starven kunnen. As Not an' Mann weer, mussen Hans un Guschi ole Klamotten antrecken un mit anfaten. Dorbi mussen se tofreden sien, dat se noh veerteihn Daag överhaupt in Manhatten, Nüjork City, faste Bahm ünner de Föt kregen.

Dure blot dree Daag, bit Hans in de Jamaica Avenue sien erste Job kreg. Weer en Delikatessen-Store, een vun de Slag, vun de he to Hus hört harr. Seeg dornoh ut, dat he to dat Startkapitol för en Buernhoff veel Tied bruken wör. He verdeene acht Dollar de Woch, un dorvun güngen fief Dollar för de Stuv wech. De Boss un twee Verköpers stunnen achter de Ladendisch un bedeenten de Swatten un de Witten. För en Buernjung ut Musbek weer de Start nich eenfach. He kunn keen Wurt engelsch, un alles weer anners, as to Hus: De Lüd, dat Geld, de Gewichte, de Maaten- un de Arbeitstied. In'Anfang droog he to Hauptsaak Woren ut in de Millionenstadt. He harr ümmer sien Oogen mit sick, un so wor he denn gewohr, dat in de Lifts veele Buddeln herumdreven. De nehm he mit torüch, un dat bröche em 5 Cent dat Stück. Up disse Ort kunn he sien Inkam verdoppeln. Sien Boss funn bald herut, dat in de nüe Kirl veel Arbeit stook. Eenes Daags moke he de Vörslag, sick de Arbeit bi goode Betolung to deelen. De beiden övrigen Mackers, mit de nich veel Staat to moken weer, wull he de Looppaß geven. So wor dat ok. Awer de Arbeitstied güng nu vun morgens acht bit Middernacht, 16 Stunnen.

Sietdem he in de nüe Welt weer, störte veel Nües up Hans Musbek in: Nüjork weer nich blot en Millionenstadt, wor en Inwannerer ut' ole Europa hart arbeiten mussen un – wenn dat Glück em to Siet stunn – veele Dollars moken kunn. Dat weer nich blot de Stadt, wor't de rieksten Lüd un de höchsten Wulkenkratzers geev un wor en Tellerwäscher dat tom Millionär bringen kunn, wat sacht nich to öft vörkeem. Nüjork weer ok en Stadt, wor't in de Slums Hunger, Armood un Elend geev. As't Winter wor, güng Hans Musbek obends mol langs de Woterfront. Dat weer anfungen to függen, un vun See fege en iesige Wind heröver, de dör Mark un Been güng. He keem dör en Bahnünnerföhrung, wor't halvdüster weer. Dor leegen to beide Sieden, dicht an dicht, herünnerkamme Sprieters up de hartfrorne Eer. Dat weer ehr Nachtlager. Gegen de Küll harrn se sick in Zeitungspapier inwikkelt. Se weern up de letzte Statschon ankam. Wer noch lewe, wer al erfroren oder verhungert weer, dat weer nich uttomoken. Wenn eener vun de armen Stackels mangdör mol to sick keem, greep he sien Nohver in de Jackentasch, hale en Snapsbuddel herut, nehm en Sluck un stook de Buddel in de Tasch torüch.

Rundherum weer dat unheemlich still: Se weern dodmöh, halv verhungert un stieffroren. Se lewen vun Äten- un Brotreste, de se dagsöver ut de Mülltonnen herutsammelten. Rotten leepen över de Slaapenden un halten se dat dröge, harte Brot ut de Taschen.

De Arbeit in de Delikatessen-Store weer gefährlich. Överfälle, »hold ups«, keemen öft vör, un up de Politi weer keen Verlat. Dat weer in'Fröhjohr 1931, mitt' up'n Vörmiddag, as dree Swatten in de Laden keemen. Se schooten glieks, un de Boss brook tosam. Hans smeet sick achter de Ladendisch un töve af, bit de Gangsters mit de Ladenkass verswunnen weern. Sien Boos keem in't Krankenhus mit en Schuß ünner de Hart. He överlewe, awer dat dure lang, vör he wedder de Swatten un de Witten achter de Ladendisch bedeenen kunn. In de Twischentied smeet Hans de Bedriev alleen un verdeene sick Dollars dorto.

Hans Musbek bleev bit in'Sommer 1932 bi sien Boss. Denn besloot he, erstmol Pause to moken un sick tosam mit Oskar Requate – de Nohverjung ut de ole Heimat – in Amerika umtosehn un sien dree Bröders to besöken, de he siet Johre nich mehr sehn harr. Bill un Kidde weern in San Francisco un Fred up en Farm in South Dakota. Fred, de in'Krieg bi de Sleswiger Husaren deent harr, harr dat in Amerika nich so good drapen, denn för de Farmers weern dat slechte Tieden. Weer lang keen Nohricht kam vun Fred, un Hans harr sick vörnahm, em uptospören. Dat wor en Tur, an de se ehr lewenlang torüchdenken sulln:

In Oskar's ole Ford fohrten se vun Nüjork City dör Pennsylvania, Ohio, Indiana, Illinois un Iowa un keemen denn noh South Dakota, wor Fred sien sull. Se funnen em enes Daags mitten in de wiede Prärie, wor he mit 16 Peere an'Plögen weer. As Hans Musbek disse Nohmiddag sien Broder gegenöverstunn, wor't em swatt vör de Oogen, un he brook tosam. He kenne Fred meis nich wedder. He weer mager un utbrennt vun de Hitten un vun de harde Arbeit up de Prärie. Sien Farmer harr blot noch mit »Swien« betolen kunnt, un de weern nix mehr wert, wenn afreknet wor. Fred harr afslaten mit sien Lewen. Hier musse he för de Rest vun sien Lewen utholen, wieder dache he nich mehr. Wor afmokt, dat se em up'n Rüchwech afhalen un noh Nüjork mit torüchnehmen sulln. Hans un Oskar bleven noch en poor Wochen, denn güng't wieder noh'n Westen.

Enes Daags worn se vun twee Kirls anholen, de mitfohren wulln. Segen wat düster un afräten ut, un se truten de Kram nich recht. Hans sätte sick achtern in de Waag an de Siet vun de eene Kirl. De annere bleev vörn neben Oskar. Se worn nu ok gewohr, dat beide en Dolch harrn. As se en poor Stunnen fohrt weern, hole Oskar an. He verklore se, dat se nu utstiegen sulln. Doran dachen se nich. Wat weer to doon? De Fohrt güng wieder. Güng up Obend to, un't dure nich mehr lang, bit se in't Gebirge keemen. Musse vörher wat passeeren. Up Platt besproken se ehrn Plan. Up frie Streck hole Oskar an. Jeder reet de gegenöver liggende Waagendör up, kreg de Nebenmann bi de Plünnen un störte em, noh korte Wedderstand, koppöver ut de Waag herut. Denn wor Gas geven, un se brusten wieder. Se atmeten up, as se de beiden Gangsters los weern. Se fohrten wieder dör South Dakota un keemen bald in't Gebirge, dör de »Black Hills«. Gröne Täler, deepe Sluchten un düstere Höldungs wesselten af. Se beslooten, ünner de Sternenhimmel uttoslapen un söchen sick en frie Platz. De Sonn verswunn fürigrod achter de Bargen. Se legen bi eenanner ünner de Sternentelt. De Mond stunn koolt över't Holt.

En poor Stunnen muchen vergahn sien, as Hans – in'Halvslaap – wietwech wat hulen höre. He hole de Luft an un röhre sick nich. Wull nich, dat Oskar waken warn sull. Oskar güng dat nich anners. Höre sick unheemlich an, un't bleev bi dat langtruckne Hulen. Dor güng dat se up, wat' up sick harr: Dat weern Wölfe. Se keemen beide in de Been, söchen ehr söben Saakens tosam un vertrucken sick in de Waag, Noh en Tied wor't wedder still un se sleepen in. Weern sacht en poor Stunnen vergahn, as se wedder dör en schurige Hulen ut'n Slaap räten worn. As se verbiestert ut de Fenster keken, leepen umbi twintig Wölfe um de Waag herum. Mangdör sätten se sick dol un hulten noh de Mond herup. Kunnen sacht de Tied nich aftöven, bit se wat vör de Tähn kregen. De Mond stunn noch ümmer koolt un blank över de Holt. Dat wor en lange, slaaplose Nacht. As't endlich Dag wor un de Sonn de ersten Strahlen över de Bargen schicke, weern de Wölfe sporlos verswunnen.

De Fohrt güng wieder, ümmer wieder noh'n Westen. Se kregen Respekt vör de ersten Pioneere, de dormols mit ehr Planwagen

Amerika dörquerten, vun de Atlantik noh de Stille Ozean. Weer dat, wat se sick vörnahm harrn. In Wyoming keemen se dör de Yellowstone Natschonalpark. Mol stunnen twee Bären mit twee Jungen mitten up de Landstrat, de se erst noh en halve Stunn friegeven. Dat gefährlichste Erlewnis stunn se noch bevör:

Se keemen dör de Solt-Ebene noh Salt Lake City in Utah. So wiet dat Oog sehn kunn, weer nix as witte Solt, un de Sonn brenne vun'Himmel hendol. So bleev dat bi 90 Mielen wiet. Denn stötten se up de Wüste in Nevada. En Trupp bereed'ne Indianers keem se in de Möt. De Rieders holten an, un Hans un Oskar stoppten ok. Ok wenn se düster utsegen, meenten se dat wull good. Wulln se blot verkloren, dat' lewensgefährlich weer, dör de Wüste to fohren. Weer nich blot de unheemliche Hitt, wieder vörut weern ok Sandstürme. Se fohrten liekers wieder, un dat weer se meis düer to stahn kam. In de Wüste kregen se en Autopanne, de nich behaven warn kunn. Nu weer goode Rat düer. Erst bleven se binnen in de Waag un terbroken sick de Kopp. To Foot torüch, dat weer de sekere Dod. Se segen keen Utwech. In de ole Ford weer dat hitt, as in en Backoben. Dor klarrten se herut un smeeten sick in de Wüstensand. De brenne ok as Füer, un babenöver stunn de pralle Sonn. Noh en poor Stunnen weer't Gesich upswulln, un se weern rod as en kakte Krebs. Se harrn dat Geföhl, dat de Kopp platzen kunn. De Tung kleve an de Gumen. Hans seeg noch, dat Oskar mit slatne Oogen an sien Siet leeg. Witte Schum stunn em vör de Mund. Langsam verlor he ok de Besinnung. Dat letzte wat he seeg, weer de Musbek-Hoff, de Appelgorn, de blöhende Fleeder, de as en Kranz um de Hoff leeg un de Ulmenallee, wor se vör't Ringriederfest ümmer dat Ringstäken övt harrn. De Schimmel keem lang de Allee draavt. Dat weer en unbeschrievlich schöne Geföhl...

As Hans un Oskar to sick keemen, leegen se in en Auto-Reparaturwarksted en lütte Stück binnen in de Wüste. De Amerikaner, de se in'letzten Oogenblick ut de Wüste heruthalt un se dat Lewen reddet harr, wahne dor mit sien Familie. En lütte Dutzend Ziegen harr he um't Hus herumloopen

En poor Daag dornoh, as se sick wedder kam weern, güng de Reis wieder dör Sacramento un Oakland in Richtung noh California. Se harrn umbi 4000 Kilometer torüchläggt, as San Francisco, de Stadt an de Golden Gate, vör se leeg. Se wahnten en poor Wochen bi Hans' öllste Broder, Kidde, de sick in de Twischentied mit Fru un de beiden Kinner as Habenarbeiter good klort harr. Em weer in de nüe Welt ok nix vun sülm in'Schoot fulln. He harr lang deep ünnen in de Lastrum vun de groten Ozean-Dampers arbeit', mang Skandinavier, Italiener, Polen, Irländer un Dütschen. Nu harr Kidde en Trupp vun umbi föftig Habenarbeiters ünner sick. Se weern good vöran kam.

In de erste Tied keken Hans un Oskar sick ok in'Haben um. Weer nich ehr Meenung, sick an de »Woterfront« en Arbeitsplatz to söken. Se worn dorto ok nich upmuntert. De Habenlöwen geven se to verstahn, dat'nich ratsam weer. Wör nich lang duern, meenten se, bit tofällig en Kist in de Laderum up se hendolstörte. Harrn Kumpels nuch, de up en Arbeitsplatz töven. Hans un Oskar funnen in de Stadt an de »Golden Gate« en betere Tiedsverdriev. Bill, Hans Musbek's öllere Broder, lewe dorvun, bi't Peere-Rennen Wetten aftoslutten, un de beiden Reisenden güngen nu ok jede Dag noh de Rennbahn tom Wetten. Eenes Daags kunnen se sick utreknen, dat' mitbröchte Geld grad för de Rüchreis noh Nüjork lange. Dor klarrten se wedder in de ole Ford un nehmen Kurs noh'n Osten. Up de Rüchwech wor Fred vun de Farm afhalt, un se nehmen em mit torüch noh Nüjork. Ok wenn slechte Tiedend weer, beslot Hans nu sien egene Boss to sien.

1933 köffe he in Bronx, Nüjork, en Delikatessen-Store. Sien Broder Fred lenge noh to Hus, un Hans sorge dorför, dat he torüchreisen kunn.

Hans Musbek harr in de School ümmer good reknen kunnt. Dorum harr he sick intwischen ok utreknet, up wat vun Ort he in de Staaten to Geld kam kunn. He keek sick um in annere Delikatessen-Stores un köffe ümmer en Laden, de slecht güng un billig to hem weer. Denn proppe he de Laden vull mit Woren un bröche Swung in de Kram. Wenn't sowiet weer, verköffe he de Bedriev mit goode Profit. De dritte Store koste em 4000 Dollar un bröche bi de Verkoop 8000. In de Twischentied harr he de Kunnen heranhalt un good verdeent. He weer nu sowiet, dat he de Woren bor betolen un billiger inkoopen kunn. Wenn de Dollars up de Disch leegen, leet man mit sick snacken över de Pries.

1937, as Hans Musbek sien Delikatessen-Store grad wedder good verköff harr, besloot he, mol wat anneres antofangen. He güng in en nüjorker Box-Club, weil he Boxer warn wull. Wer ganz noh baben keem, kunn in'Boxring veele Dollars moken. He klarre in disse Tied mennigmol in de Ring. He deele ut-un't keem ok vör, dat he wat instäken musse. Meistens wunn he, un se kregen em nich up de Bräder. De Droom, mol as »Box-Champion« in' Ring to klarrn, musse he toletzt upgeven. För en Inwannerer ut Dütschland weer dat siet 1933, as de Nazis an'Drücker kam weern, nich mehr möglich, noh baben to kam. Dor hole he up un köffe sick wedder en Delikatessen-Store, wor he dat bruken kunn, wat he in'Box-Ring mitkregen harr.

Hans Musbek harr intwischen veel Geld verdeent. De Plan vun de egene Buernhoff in de Heimat musse he awer begraven, as an' 1. September 1939 de Krieg utbrook. De swatthoorige Anni in de Heimat harr he nich vergäten. Awer eenes Daags harr he sick säggt:

– »O.K., in Amerika gifft' ok smucke Deerns. He harr hart arbeit' un wull ok wat vun't Lewen hem. Af un to güng he in Nüjork to Danz, un up'n Harvst 1939 dreep he mit Ann Bryk tosam. Se verleevten sick un heiraten an' 31. Januar 1940.

Hans un Ann köffen up de 39-16-47 Avenue Sunnyside, Long Island, Nüjork, en gröttere Store, un över de Dör stunn mit Neon-Licht: Hans Christiansen, Delicatessen. Dat ole »Rezept« güng wedder up. De Laden wor in Swung bröcht, veele nüe Kunnen antrucken un denn mit Profit verköfft.

As man dat Johr 1943 schreev, weern Hans un Ann sowiet, dat se an de Park Avenue in Manhatten – in Harlem – de bither gröttste Delikatessen-Store övernehm kunnen. Dat Johr dorup keem Joan, ehr Dochter, to Welt.

Harlem, dat Negerviertel, weer en hitte Plaaster, un de Frünnen verstunnen nich, dat se dorhen güngen. In Harlem vergüng keen Dag, wor't nich to Överfälle, to »hold ups«, keem. Wenn man morgens up Arbeit güng, leeg mennigmol eener up de Strat, de man nachts umbröcht harr. Sprook sick in Harlem awer bald herum, dat Hans sick en grote Politidogge toläggt harr, un dat he för't övrige ok »en goode Handschrift« harr. Güng de Kunnen ok up, dat de Swatten in »Hans Christiansen's Delicatessen« grad so good behannelt worn, as de Witten. Wenn en Kunn in Not keem un nich betolen kunn, kreg he Kredit, un dat wiese sick, dat up de Swatten Verlat weer. Wenn Hans dör Harlem güng, keem't vör, dat en Swatte em ansprook:

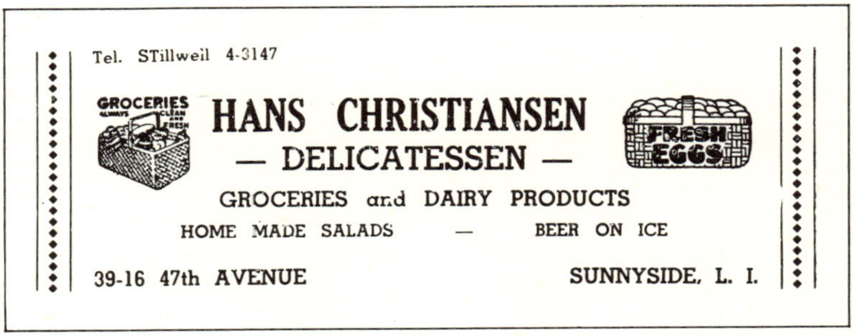

– »Hans, do you have a dollar?« (Hans, häst du en dollar?) un dorbi versprook, dat Geld torüchtobetolen. Denn kreg he de dollar un gliektiedig de Bescheed:

– »Forget it« (Vergät dat).

Dat betole sick ut. Grad mang de veelen Swatten in Harlem harrn he un Ann nich blot true Kunnen, se harrn ok Frünnen. Wiese sick bi de erste »hold up«:

Dat weer en hitte Sommerdag. Neben Speck, Schinken, Kaffee un »Copenhagener« weern ok veele Kisten Beer umsätt worn. Upmol stunnen dree Neger in'Laden:

– »This is a hold up«, heete dat. (Dit is en Överfall).

– »Is that the meaning?«, (Is dat de Meenung?) froge Hans Musbek. He däh, as wull he noh de Kass hengahn un dat Geld utlewern. Denn moke he en korte Dreih. Sien Fust dreep de erste Neger an de Kinn. He knicke tosam as en Striekholt. De tweete moke de glieke Reis. De dritte Macker harr intwischen en Meß trucken. Vör he tosamslahn wor, dreep he Hans an de Ünnerarm. Dat Blood spritze. Alle dree flogen ut de Dör herüt. Awer nu wor dat erst en hitte Kram. Intwischen harrn sick umbi twintig Swatten vör de Delikatessen-Store ansammelt, un't seeg ut, as wulln se de Laden störmen. Nu betole dat sick ut, dat se de Swatten

good behannelt harrn. En poor Frünnen weern dormang. Se ergrepen Partie för em. Eener reep:
– »It's o.k., Hans!«

De Gefohr truck vörbi, awer de Narv an de Ünnerarm behole he för sien Lewen. Dat weer nich de letzte »hold up«. Wor ümmer hitter in Harlem. Dor weer tom Bispeel de Dütsche, de ok in de Nohverschap en Store bedreev. He harr lang Slutt moken kunnt. He meene, em kunn nix passeeren. Denn funnen se am dod achter de Ladendisch, erstaken. Sien Ersparnisse, de he ümmer in'Laden uphaven harr, weern verswunnen.

As de Krieg vörbi weer, köffen Hans un Ann sick 1947 an de Bayside vun Long Island en 12 Familien-Apartment-Hus. In de ole Heimat seeg dat nu slecht ut, un 1951 hulp Hans Musbek sien Swester, ehrn Mann un de Jung ok noh Amerika heröver. Se wahnten sietdem in dat nüe Apartment-Hus un hulpen in de Store.

Enes Daags weern Käthe un de Jung alleen in'Laden. As Hans torüchkeem, weern grad dree Swatten dor wesen un harrn mit vörholne Pistol de Kass leer mokt. He leet sick de dree Mackers beschrieven un leep achterhoh. Richtig, dor güngen de dree Kumpanen up de annere Stratensiet. He stook de eene Hand in de Tasch vun de Regenmantel, as weer't en Pistol, güng heröver un hole se an. Denn truck he mit se noh de »Police Station«, wor se dat Geld herutrücken. Se moken lange Gesichter, as't se upgüng, dat he nich to de »police« höre.

Dat weer nich to översehn, dat de Överfälle in Harlem ümmer mehr tonehmen. Nu weer't meis mit »mathematische Sekerheit« uttoreknen, wann en Witte, de en Store bedreev. doran glooven musse. Dat geev to denken. Dat Lewen för disse Witten weer nich weniger gefährlich, as wenn brennende Ölquellen löscht warn söht. Weer good, dat Hans un Ann nu so wiet weern, dat se sick för de betere Deel vun't Lewen interesseeren kunnen. Weer nich to spät för Hans Musbek, denn he weer erst fiefunveertig.

1954 verköffen se de Delikatessen-Store, woröver siet 13 Johr mit Neon-Licht »Hans Christiansen - Delicatessen« stahn harr. Dat Kapitol harrn se wedder good anläggt. 8000 Dollar harrn se geven, nu worn dorut 38.000 un in de 13 Johr weer de Verdeenst vun Johr to Johr stegen.

Hans Musbek, de Buernjung, de 1930 mit en lütte Koffer vun de Flensburger Bahnhoff affohre, weer vörankam. De 12 Familien – Apartmenthus an de Bayside vun Long Island weer betolt, un se harrn veele Wertpapiere, de an de Börs ümmer höcher noteert worn. För de Tokunft vun sien Familie weer sorgt. He harr vun' ersten Dag an hart arbeit', wat wagt, richtig reknet – un wenn't nödig däh ok sien Füst gebrukt. Dat Glück harr em dorbi to Siet stunnen. He harr en goode Lewenskamerod un en söde Dochter. Blot mit de Droom, noh en poor Johr in de Heimat torüchtokam un vun dat sporte Geld en Buernhoff to koopen, weer't nix worn. Dormit harr he sick intwischen lang affunnen. De ole Heimat weer nich vergäten, awer Amerika weer sien nüe Heimat worn.

Hans, Ann un ehr Dochter Joan verleeten Nüjork. Se köffen sick en Villa in Pennsylvania, mitten in't Gröne. Vör en poor Johr dreep em en harte Slag. He verlor sien Ann. Awer he hät intwischen wedder en goode Lewenskamerod funnen. Alle poor Daag sätten Hans un Martha sick in de General Motors Buick un fohren to Peere-Rennen. Bi't Wetten mokt Hans mennigmol en goode Slag. Frogst em dornoh, denn meent he:

– »Dat is bi't Wetten nich veel anners, as dormols in de Box-Ring in Nüjork. Ward mol gewonnen un mol verloren. Dörvst blot nich up de Bräder gahn«.

Steiht fast, dat he up de Rennbahn meistens good afsnitt. Liggt wull doran, dat he Buernblood in sick hät un en Rennpeerd richtig intaxeeren kann. As he noch in Musbek achter de Ploog güng oder up de Schimmel dör't Dörp reed', harr sien Vadder al herutfunnen, dat he sick up Peere verstunn. Jakob, mien Vadders Broder, musse dat weeten, denn he weer bi de Gardeulaanen in Potsdam wesen. Bit an'letzten Dag – as dat Muerwark vun unse ole Familienhoff mit Trecker, Staaltrossen un Baggers dolräten un Platz mokt wor för Hochhüser ut Glas un Beton – hät up de Musbek-Hoff dat Bild in de Kamer doran erinnert, dat en flotte Gardeulaan to Peerds wiese un de Inschrift droog:

– »Es lebe hoch das Regiment,
das sich mit Stolz das erste nennt«.

En Lewen för de Frieheit

Café Waldheim

Ümmer mehr Lüd güngen upmol in lange Stäveln, marscheeren, demonstreeren, leepen to Wahlversammlungen. In't Büro an' Haben, wor ick siet en poor Johr arbeite, keemen ok en Deel Mackers nohmiddags in brune oder swatte Uniform un mit blankputzte Stäveln. Se sulln obends tom Deenst. Fröer weern se ümmer as fredliche Börgers mit Slips un Kraag kam, un se harrn blot mit de Schrievmaschin to doon. Nu weer annere Handwarkstüch dorto kam. Dat güng mi eenes Daags up, as ick an't Tippen weer. En Macker seet neben mi an de Schrievmaschin. He weer to Afwesslung wedder in Uniform un harr de langen Stäveln antrucken. Upmol geev't en Knall, un de Kugel seet baben in de Deck. Mien Kumpel harr sien Pistol in de Büxentasch, un he harr wull doran herumfummelt. Wor noher nich veel dorvun snackt. Dat höre to de Tied.

Dat weer in'Fröhjohr 1932. In Flensburg geev dat umbi 13.000 Arbeitslose, un veele Müdder wußten nich, wodennig se ehr Kinner satt kriegen sulln. Körtlich harrn sick en Reeg Fruens tosamslaten un 80 Kinner up't Wohlfahrtsamt aflewert. Sulln se tosehn, dat de hungrigen Kinner wat to äten kregen. En Beterung weer nich aftosehn, un ümmer mehr Lüd danzen noh de Fleut vun de »Rottenfänger vun Braunau«, de alles versprook. An' 30. April weer Grotkundgevung wesen in't Stadion. 30.000 Menschen weern tosamlapen, weil se de Kirl sehn un hörn wulln. Dat weer, as wenn an de Nordsee en Stormflot insätt. De Dieken broken. De brune Flot ergot sick över't Land. de Inseln verswunnen. Hier un dor keken blot noch de Warften ut de upwöhlte See.

De gooden, soliden Börgers, de noch enigermaten ehr Utkam harrn un mehr vun Ornung as vun Frieheit holten, seten to Hus. Se weern unbedeeligte Tokiekers. Se leeten dat Drama passeeren, as güng't blot um en Theotervörstellung. Wat de Frieheit bedüt, güng mennigeen erst up, as de Frieheit verspeelt weer. Geev in disse wille Tied liekers Lüd, de sick gegen de brune Flot anstemmten. de dörholten bit to'n bitteren End. Se weern de Warften in de See. över de toletzt ok de Flot hinwechbruse.

De Geschich, de ick vertälln will, fangt an in Café Waldheim, de an de Buterkant vun't Dörp leeg. Mandus un Sophie Lützen harrn hier an' 1. August 1930 ehrn egenen Bedriev upmokt. Se harrn nich blot en Barg Kunnen, se harrn ok veele Frünnen. Mandus weer vörher Husmeister wesen an de Volkshochschool, de in't Dörp leeg. In de Zeitungs kunn man jede Dag vun Demonstratschons, Saalslachten un Överfälle lesen. Weern slechte Tieden. De meisten jungen Lüd legen up de Strat. 1932 harr man dorum in de Volkshochschool en friwillige Arbeitsdeenst, de »Jungbanner«, in't Lewen rapen. Weern junge Sozialisten, de nich afsiets stunnen. Se dreepen sick mennigmol in Café Waldheim un snacken över de Laag, de bannig swatt utseg.

Dat weer en Sommerobend in de erste Hälvde vun' Juli 1932. Fung an, schummrig to warn. En Swarm Kreihn truck över de Koppeln noh't Buernholt heröver, wor se ümmer de Nacht verbröchen. De groten, starken Kreihn seten denn hoch baben in de Böken, wor se wiet över't Land herutkieken un de letzten Sunnenstrahlen mitkriegen kunnen. De starken Kreihn harrn de besten Plätze, un dat harr wat Menschliches an sick.

En Deel junge Lüd vun de Jungbanner un en poor Arbeiter ut'Dörp harrn sick in Café Waldheim drapen. Se seten um dree Dische, de se tosamschaven harrn. Hier kenne eener de annere. Twee junge Lüd vun de Volkshochschool weern grade dorto kam. Se kloppen up'n Disch un söchen sick en Platz. De Diskuschon weer vull in de Gang. Se sproken so liesen, dat de övrigen Gäste dat nich mitkriegen kunnen. Kunnst keen een trun in disse Tied. Wor veel herumspioneert.

Sophie harr in de Kök to doon, awer Mandus harr sick to se sätt. Se weern noch upwöhlt vun dat, wat sick disse Daag todragen harr: Een vun ehr Mackers, Julius Cehr ut Kiel, de ok to de »Jungbanner« gehöre, harr sick up de Stadtsbarch mit en SA-Mann in de Wull kregen. De SA-Mann harr en Pistol trucken un em dodschaten. Julius Cehrs Liek weer noh sien Heimatstadt Kiel överföhrt worn. Weer swatt wesen vun Lüd – Sozialisten, Reichsbannerlüd un Kommunisten – de em dat letzte Geleit noh

1912: Mietshus in't Arbeiterdörp.

de Stadtgrenz geven harrn. In de Rode Strat harrn se de Fenster vun en Nazi-Büro insmäten.

Mandus ünnerhole sick doröver mit Willem, de Former weer un ünnen in de Stadt arbeite.

– »Verlat di drup«, meen he, »de SA-Mann passeert gornix. Up de Richters is ok nich mehr Verlat. Wenn nich anners, hefft se Angst, dat disse Lüd sick rächen köht, wenn se an Drücker kam sulln. Wer hät överhaupt noch Mood, wat to betügen, un en dode Mann kann vör Gerich nich mehr utsäggen«.

En nüe Gast weer tokam un harr sick an en frie Disch in de Eck dolsätt. He bestelle bi Mandus en Tass Kaffee un verkroop sick denn achter en Zeitung. He seet vörnöver bögt, spitze de Ohrn un versöche abenbor, wat vun de Ünnerholung uptosnappen. Keener kunn sick erinnern, de Kirl mol sehn to hem, un't stunn fast, dat he blot spioneeren wull. Hüt obend harr he keen Glück. Noh en halve Stunn betole he sien Kaffee un verleet dat Lokal ohne to gröten.

– »Dor flog de Vagel«, meene Mandus un griene, »un ditmol kann de Vagel nich singen . . .«

As se upbroken, güngen se in en slatne Trupp. Wer obends alleen ünnerwegs weer, kunn mit alles reknen.

Dat keem as't kam mußte. An' 30. Januar 1933 keem Hitler an de Macht. Veele, de bither unbedeeligt tokeken harrn, as de Stormflot gegen de Dieken anrenne, güngen nu mit weihende Fahnen över. Weer beter, mit as gegen de Strom to swimmen. So harrn se dat ümmer holen. De Vörhang weer dolgahn. Wer gloovt harr, dat'blot en Gastspeel weer, wor wat anneres gewohr. Nu geev dat keen torüch.

Dat geev awer noch ümmer Lüd, de nich upgeven. För se gelle Max vun Schenkendorfs Wör:

– »Hinter dunklen Wällen, hinter ehrnem Tor
kann das Herz noch schwellen zu dem Licht empor . . .«

Worn illegale Schriften verfatet un ünner grote Gefohr över de Grenz bröcht. Dröben in't Nohverland sulln se weeten, wat vör sick güng. Menni een betole en hoche Pries, denn de Gestapo slog hart to. Se weern in en Tied herinkam, wor Sozialisten, Kommunisten un Juden to Friewild worn. Wor Jagd up se mokt, un dusende verswunnen för ümmer in Konzentratschonslagers.

In disse Tied, wor veele Menschen up de Flucht weern, geev dat ok in't Dörp över de Stadt Lüd, de Hals un Kraag riskeerten wenn't dorum güng, Flüchtlinge över de Grenz to bringen. De junge Sozialist Hans Nielsen harr sick ok en illegale Grupp anslaten, de ut söben Mann bestunn. Wenn he brukt wor, kreg he Bescheed vun sien Kontaktmann. En poor Mol harr he Flüchtlinge bi Nacht un Newel dör't Krusautal över de Grenz bröcht. In'Sommer 1933 harrn se herutfunnen, dat' eenfacher weer, Flüchtlinge mit de Fördedampers heröver to helpen. Se bruken blot en falsche Groschenpaß. Güng lang good. Denn sloog de Gestapo to. As Hans Nielsen un sien Mackers verhaftet un verhört worn, stunnen se en Gestapo-Mann gegenöver de sick mang de Sozialisten insleeken harr. Se güngen för en poor Johr in't Tuchthus.

De Jagd up Menschen bleev bi: Sozialisten, Kommunisten, Christen, de dat Evangelium verstahn harrn un Monarchisten – Lüd, de sick gegen de Unmenschlichkeit wehrten un för de Frieheit ehr Lewen up't Speel sätten – verswunnen in Konzentratschonslagers. Böker worn up Scheiterhupens verbrennt, so as man in't düsterste Middelalder »Hexen« verbrennt harr. De Bu vun Autobahnen un Kasernen, en unheemliche Uprüstung, Luftschutzövungen, Produkschon vun Gasmasken, Musterung vun Peer un Wagens, de för'n Krieg brukt warn sulln, wiesten dütlich, worhen de Reis güng. 1938 wor in Österreich inmarscheert.

De illegale Grupp um Café Waldheim harr noch nich upgeven. Awer de Gestapo harr dat Nett tosamtrucken: Een vun de ersten Daag in' Mai 1938, as de Sunn grade upgüng, hole en swatte Limousin vör Café Waldheim. Glieks dorup föhrten twee Gestapolüd Mandus ut'Hus. De Motor hule up, un denn weer he verswunnen. As't up Middag togüng, hole de Auto wedder vör't Café, un denn wor Sophie verhaftet. Se leeten ehr nichmol Tied, de Schört aftonehm. De Dag dorup wor de Wahnung up'n Kopp stellt. Jede Schapp, jede Schuvlad' wor dörwöhlt. Toletzt fungen se an, de Bökerschapp uttorümen. De Böker worn in en Wäschkorv noh ünnen dragen un in de Kofferrum verstaut. Söß Monate seeten Mandus un Sophie in't Gefängnis un mussen sick demödigen laten. Weer nix, wat man se nohwiesen kunn. As se entlaten worn, kregen se de Order mit up'n Wech, in Tokunft bi Café Waldheim de Hakenkrüzfahn to wiesen un mit »Heil Hitler« to gröten. Dor harrn se de Reknung ohne de Wirtslüd vun Café Waldheim mokt...

In disse Tied leep de Menschenjagd un »Hexenverfolgung« up vulle Turen. Juden, Sozialisten un Kommunisten weern Friewild. Illegale Gruppen versöchen noch ümmer, ehr Lewen to retten, un Café Waldheim weer to en wichtige Statschon worn.

Flucht dör't Südermoor

Meistens bröche en Kureer ut Berlin de Nohricht över dat bevörstahende Indrapen vun Flüchtlinge. De sworste Upgaav leeg denn bi Willem, de gliektiedig mit Mandus un Sophie verhaftet un intwischen wedder entlaten worn weer. Up gefährliche Turen, wor't menni mol up Bögen un Bräken güng, bröche he de Flüchtlings dör't Südermoor noh't Nohverland heröver, wor Helpers up se tövten. In' ersten Weltkrieg weer Willem bi de Marine wesen un harr de Revolutschon in Kiel mitmokt. Sietdem weer he Sozialist. Nu, wor veele vun sien Mackers up de Flucht weern, wull he se nich in Stich laten.

Dat weer up'n Harvst 1938. Mandus weer gegen Obend bi Willem ankam. Disse Nacht sulln wedder twee Flüchtlinge indrapen. Willem weer krank. Vör en poor Daag weer he in de Fabrik to Mallör kam, un he droog en grote Verband um de Kopp. Dat hulp nix, afsted musse he. Een Stunn vör Middernacht truck he en Wullmütz över de witte Verband, de em sunst verraden kunn un moke sick up'n Wech. To de fastsätte Tied töve he in de düstere Ulmenallee bi de Bottermelkskrog, de an de Holtkant leeg. Noch röhre sick nix, awer he weer dat Töven gewohnt. Kunn ümmer wat dormang kam. Hauptsaak weer, dat' för de beiden nich

Grenzsteen un Grenzgraben bi't Südermoor.

scheev gahn weer un dat se noher dörkeemen. Gefohr lure överall. Dat weer bannig koolt. Willem schüttle sick vör Küll, truck de Jackenkrag hoch un begrave de Hänner in de Büxentaschen. Sien Job weer nix för Lüd mit swache Nerven. Awer dat musse sien. He harr't körtlich grad probeert, de Gestapo utlewert to sien. En Deel Inwahners ut' Dörp weern nachts ut'Hus släpt worn un noch ümmer sporlos verswunnen. Geev en Deel Lüd, de för de Frieheit up de Barikaden gahn weern – un dorför ehrn Pries betolt harrn. Hans Nommensen harrn se vör veer Johr to 10 Johr un Peter Lorenzen to 8 Johr Tuchthus verurdeelt. De Port vun en Konzentratschonslager harr sick achter se slaten, un wat se dörmoken, weer sacht so swor, as dat Krüz vun Golgatha. Keener kunn säggen, up se överhaupt noch lewen.

In de hochen Ulmen vör de Bottermelkskrog schreeg en Uhl. Höre sick unheemlich an. Willem truck sick in't Holt torüch. In't bleeke Mondlicht kunn he vun hier ut de Wech översehn. En Trupp SA-Lüd keem in Gliekschritt över de Damm. Se harrn Deenst hat un weern noher sacht in de Krog wesen. Ok noh de Deenst güngen se in »Gliekschritt«, weil't sick, noh ehr Meenung, good anhöre. De Tied sleek sick langsam hen, wenn man töve. Endlich höre Willem vun wieden Schreed', de ümmer neeger keemen. Denn duken twee Männer in de Allee up. Af un to bleven se stahn un holten Utkiek. Willem keem nu ut de düstere Holt herut un güng se in de Möt. As he en lütte Stück vörbi weer, fleute he de Melodie vun en Volksleed. Se geeven de geheeme Antwurt. Dormit weer alles klor. He dreihe wedder bi, se begröten sick kort un wesselten en poor Wör. Denn güng Willem vörut, dormit' nich so verdächtig utseeg. Noh twintig Minuten weern se dör't Buerndörp un krüzen de Ossenwech. Nu wor't Ernst. Se slooten sick tosam, un Willem övernehm de Föhrung. Wor keen Wurt wesselt. De Grenz weer neegbi un wor in disse Tied besunners scharp bewacht.

Middernacht weer vörbi. Weer good, dat de Mond sick ümmer wedder achter de Wulken verkroop. Disse Tied bruken se, um vörwarts to kam. Güng över plögte Koppeln, Piekdraht un Gröv un af un to ok dör en Dorntuhn. Kort vör de Deevswech, wor Hünengräber to beide Sieden vun de Grenz legen, wessle Willem de Richtung. Hier weer keen Dörkam. Överall stunnen Posten mit scharpe Wolfshunnen. Wiet vörnöver bögt sleeken se över de plögte Koppeln. Weer swor, vöran to kam. En poor Mol kropen se wedder dör en Dorntuhn, sprungen över Wotergröv un klarrten över rustige Piekdraht, de in' Mondschien meis nich uttomoken weer. Bi jede Lut legen se flach up't Feld un holten de Atem an. Wiet vörut segen se nu en Licht: Dat Nohverland, Dänemark, de Frieheit. Dormang leeg awer noch dat Südermoor. Ok hier kunnen se to jede Tied up Grenzpostens mit scharpe Wolfshunnen stöten. Dor geev dat awer ok Moorlöcker, Wotergröv un Buschholt, wor meis keen Dörkam weer. Weern dor nich Schreed', de up se tokeemen? Se legen in't Heidekrut, un de beiden Flüchtlinge harrn dat Geföhl, dat'Hart se bit noh'n Hals herup sloog. In' Westen kläffe en Hund. Weern dat Grenzposten, de se upspört harrn? Gott sei Dank güngen se gegen de Wind, un de Mond harr sick nu meis ganz verkrapen. Upmol fohrten se tosam. Twee Kiewiets weern upflagen un schrieten hell över't Moor.

De Lichter achter't Südermoor keemen neeger. Kunn nich mehr lang duern. bit se an de Grenz weern. Bit toletzt heete dat awer uppassen. Wiese sick bald dorup, as de eene Flüchtling in en

Moorlock full. Gemeensam bröchen se em up't Dröge, awer he weer nu natt bi up't Fell.

Denn stunnen se bi eenanner an de Grenz. Weern blot twee Reegen Piekdraht un en smalle Grufft wat twischen Dütschland un Dänemark leeg. As de Mond sick en Oogenblick hervörwage, seeg Willem, dat se grad up de lütte Grenzsteen stött weern. Sien Bereknung weer upgahn. Se geeven sick de Hand, un glieks dorup harr de Nacht de beiden Flüchtlinge versluckt.

Up de Rüchwech luerten up Willem noch gröttere Gefohren, denn intwischen weer vulle Mondschien. Mennigmol leeg he up de plögte Koppeln in de För un höre up jede verdächtige Lut. He harr dat nich veel anners as dat Wild, dat mennigmol de Gefohr rükt. De Wind harr sick läggt, un't weer still rundherum. He harr liekers dat Geföhl, dat wat in'Busch weer. Upmol höre he en knackende Lut up de Westsiet vun't Feld. Sien Nerven weern up't üterste anspannt. He sprung halvdukt dat letzte Stück över de Koppel un klarr dör de Tuhn. Dor pietschen twee Schüsse dör de Nacht. He leet sick up de annere Siet vun de Tuhn dolfalln un flüchte dat letzte Stück över en Graskoppel. De Mond keem em to Hülp. Harr sick in en swatte Wulk verkrapen. Dat weer nich dat erste Mol, dat Grenzposten up em schoten. Güng mennigmol up Bögen un Bräken, un't weer en Wunner, dat' bither good gahn weer. Bi jede Tur dör't Südermoor güng't up Lewen un Dod.

Nachts twischen twee un dree keem Willem toruch. Amanda un sien Dochter harrn wedder mol keen Oog tokregen. Sien Dochter, de Anfang de Twintiger weer, wußte genau, wat vör sick güng. un se harr ok helpen mußt. Körtlich harr Mandus Bescheed bröcht, dat en junge Flüchtling indrapen sull. Se harr de Updrag kregen, um Middernacht mit em noh de Ossenwech heruttospazeeren, wor Vadder up se töve. As Willem disse Nacht in't Bett leeg un sick lang vun de eene up de annere Siet dreihe, funn he herut, dat he bither 73 Flüchtlinge dör't Südermoor bröcht harr. De beiden Mackers vun disse Nacht weern bestimmt nich de letzten, denn de Menschenjagd up Sozialisten, Kommunisten un Juden weer noch lang nich vörbi.

De Gestapo sleit to

Dat weer een vun de letzten Daag in'November 1938. Willem harr disse Nacht wedder twee Flüchtlings dör't Südermoor bröcht. Noher kunn he keen Slaap finnen. De Nerven weern up Hochkant. In de fröhe Morgenstunn, güng up veer to, slogen harte Füst gegen de Wahnungsdör. De Gestapo keem tom tweeten Mol. Se wöhlten de ganze Wahnung dör. Denn släpen se em ut' Hus. Wochelang seet he in't Gefängnis. Nohwiesen kunnen se em nix, un se kunnen ok nix ut em herutkriegen. Eenes Daags keem he wedder noh Hus. Dat gefährliche Speel güng wieder. Wenn Mandus mit Bescheed keem, moke he sick up de Wech.

Söß Johr harr man up en Krieg henarbeit', un denn weer't sowiet. An' 9. April 1940 worn Dänemark un Norwegen överfulln. Nu kunn de Gestapo ok in't Nohverland arbeiten. Willem weer dröben ünner de Decknahm »Paul« föhrt worn. Sien Kontaktmann, en Lokföhrer ut Padborg, de veele Flüchtlinge wiederbröcht harr, güng de Geheeme Statspoliti in't Nett. Ut en Tied, de 300 Johr torüchliggt – as unschullige Menschen as Hexen up de Scheiterhupens verbrennt worn – wußte de Gestapo, wi man Lüd tom Spräken bringt. De Lokföhrer mußte en »pienliche Verhör« över sick ergahn laten un gestunn, dat Willem em en poor Flüchtlinge toföhrt harr. Nu wor he tom dritten Mol verhaftet un seet meis twee Johr in't Tuchthus. Wenn se blot ahnt harrn, dat he intwischen meis 100 Flüchtlinge dör't Südermoor bröcht harr, weer he mit' Lewen nich dorvun kam.

Mandus um Sophie, de Wirtslüd vun Café Waldheim, weern Dag un Nacht överwakt worn. In' Januar 1941 slog de Gestapo wedder to. Se worn wegen »Hochverraad« – as se dat nennten, wenn Lüd för de Frieheit ehr Lewen up Speel sätten – to lange Tuchthusstrafen verurdeelt. Mandus, Sophie, Willem – un en Deel vun ehr Hülpers – erlewen de Dag, as de Fredensklocken in't Nohverland lüten. Mandus Lewenskraft weer awer vertährt. He storv in' Oktober 1945. Se harrn meis alleen stahn in de swore Tied. Nu weer't meis dat ganze Dörp, dat Mandus dat letzte Geleit geev. An't Graff wor't utspraken: Sien Lewen, un dat

Lewen vun sien Frünnen, weer en Kamp för Frieheit un Menschlichkeit.

In't Südermoor, wor twee Völker un twee Kulturen tosamstöten, erinnert hüt – noh veertig Johr – nix mehr doran, wat sick hier in düstere Nächte todragen hät. In'Fröhjohr schriet de Kiewiet över de Graskoppeln. Baben in't Blaue jubileeren de Lerken, as geev't blot Glück un Freden up disse unruhige Eer. Steiht man in'Harvst, obends in de Schummertied, up de grote Hünengraff un süht herut över't flache Land, kann't passeeren, dat en Flock wille Gös snatternd in Richtung noh de dolgaaende Sunn vörbitreckt. De Wikinger funnen vör dusend Johr de Wech över't Meer, noh Amerika un dör't Middelmeer, noh de Sternenbiller. De Fernfohrers, de in unse Tied mit dröhnende Motor langs de ole Heerwech susen, warn dör dusende Wechwiesers dör Europa föhrt. Awer de Treckvageln drifft en unverklorliche Macht in de richtige Richtung. De ehr Lewen up't Speel sätten gegen Brutalität un Unmenschlichkeit, worn sacht dör ehr Geweten in de richtige Richtung dreven.

De totale Krieg

Café Waldheim weer in' August 1942 slaten worn, un de Gemeendeverwaltung harr sick dor nu breet mokt. För de Schriever Jörn Hansen geev dat veel to doon. Dat bröche de Krieg mit sick,de länger dure – un anners afleep – as se al gloovt harrn. Veele utbombte Hamburger weern ankam, de ünnerbröcht warn sulln. Noh de Grotangreep weer Jörn mit de Volksstorm in Hamburg wesen, wor se uprümen sulln. Se harrn ok junge Lüd vun de Hitler Jugend mit hat, de dorup brennten, in Hamburg »wat to erlewen«. Se erlewen mehr, as se verdrägen kunnen. Weern 30.000 Menschen up en Slag um't Lewen kam. Överall legen verköhlte Lieken mang de Trümmerbargen. Wenn de Lastwagen sick mang de Trümmern en Wech bahnen, keem't vör, dat se upmol upstunnen. Weer gruenhaft. Up de Flucht vör de Füerstorm weern veele Lüd in de brennende, upweekte Asfalt stäken bleven un to lewende Fackeln worn. Seeg ut noh Weltünnergang, un se danken Gott, as se ut de Höll herut weern.

Nu seet Jörn Hansen wedder achter sien Schrievdisch. Keem em vör, as wenn sick alles hier in't Büro afspeelen musse. Baben in de Dörpskrog, wor Jörn vör de Krieg menni mol to Ringrieder- oder Füerwehrball wesen weer un sick bannig amüseert harr, seg dat nu ok anners ut. Dor weern Kriegsgefangene – to Hauptsaak Jugoslaven – ünnerbröcht. Up de Danzsaal leeg Roggenstroh. De Gefangenen worn fröhmorgens vun de Wachmannschap noh de Buern herumbröcht un keemen obends noh de Krog torüch. De Buern harrn en billige Arbeitskraft. Deenstdeerns harr man tvangswies ut Polen herantransporteert.

Wachmeister Clausen harr ok nüe Upgaven kregen, de in sien Oogen sacht bannig kriegswichtig weern: He sull de egenen Buern överwaken. Wenn Ätentied weer, fohre he up de Fohrrad herum un övertüge sick dorvun, dat de Kriegsgefangene bi't Äten nich mit de Buer an'glieken Disch seet. Dat weer Order vun baben, un Clausen nehm dat dormit ernst. De Wachmeister musse sick – meis so as Jörn Hansen – um veeles bekümmern. Körtlich weer he in't Büro mit en Jugoslav ankam, de obends vun sien Arbeitsplatz nich rechttiedig torüch kam weer. Sull vun de Börgermeister un de Wachmeister vernahm warn un – noh Clausens Meenung – wull ok en Afrievung hem. He weer ornlig herünnerputzt worn, awer he verstunn wull keen Piep vun't ganze. Um nohtohelpen, harr de Wachmeister em denn mit de Fust in't Gesich slahn, awer up disse Ort harr he ok keen dütsch lehrt. Alles speele sick hier bi Jörn Hansen af, un öft wor't em meis to veel. He sull mit sien egene Kram ferdig warn.

De Börgermeister weer veel ünnerwegs. Dorum meene Ortsgruppenleiter Stakermann wull. dat he ok mol noh'n Rechten sehn musse. In de geele Amtswalteruniform un de langen Stäweln weer he rein vernarrt un keem sick bannig wichtig vör. Politisch weer he hochprozentig. Sien fief Kinner mussen vör un noh't Middagsäten stramm stahn un de rechte Arm hochheven. De Schoolmeister hole ok nix mehr vun de Kirch. In' Berliner Sportpalast weer grad en Grotveranstaltung wesen, un Joseph Goebbels harr toletzt rapen:

– »Wollt Ihr den totalen Krieg?«

Doröver kunn't keen twee Meenungen geven. Se wulln alle de »totale Krieg«.

De annere Morgen keem Stakermann wedder in't Büro heringestävelt. Sien erste Frog weer:

– »Hansen, wissen Sie auch, daß wir jetzt den »totalen Krieg« haben?«

Jörn, de kortsichtig weer un dorum harr to Hus blieven kunnt, krame grad mang de veelen Papiere, de up sien Schrievdisch herumdreven. He keek blot över de Brill:

– »Jo, mitkregen harr he dat, denn he un sien Fru harrn ok vör de Volksempfänger säten.

Wi dat nu mit sien Arbeitstied utseeg, wull sien Gegenöver weeten. Up he denn in Tokunft – wor se de totale Krieg harrn – 60 Stunnen de Woch arbeite.

Jörn moke en Gesich, as weer em en Lus över de Lever lapen.

– »Sünnobendnohmiddag heff ich jo fri«, meen he,

– »denn man mutt ok mol noh de Frisör tum Hoorsnieden«.

Dat güng de Ortsgruppenleiter gegen de Streek.

– »Ich geh auch nicht zum Frisör«, sä he scharp.

Nu weer Stakermann kahlköppig. Wenn't hoch keem, harr he twee Hoor in dree Regen. Dorum stook Jörn Hansen nu de Haafer, un't fohr ut em herut:

– »Se hefft jo ok ganz annere Hoor as ick ...«

Nu güng dat Jörn Hansen so, as Schiller dat in sien »Kraniche des Ibykus« säggt hät:

»Doch dem war kaum das Wort entfahren,
möcht er's im Busen gern bewahren ...«

Wor em klor, dat he towiet gahn weer, denn mit en Ortsgruppenleiter weer nich to spoßen. De Reakschon bleev nich ut. Sien Gegenöver keek em fünsch an, dreihe sick – ohne wat to säggenkort un militärisch up de Hacken herum un knalle de Dör achter sick to.

Dat kunn licht in't Oog gahn, dache de Schriever Jörn Hansen, un dormit kreg he recht, ok wenn't veel slimmer harr warn kunnt. Mit de Krieg seeg dat swatt ut, un in disse Tied wor an de Westküst mit en Invaschon vun See reknet. Wenn't dorto keem, mussen de Panzers upholen warn, un dorum worn in de Gegend vun Dagebüll fief Meter deepe Panzergrabens uthaven. Man harr sacht herutfunnen, dat de fiendlichen Panzers blot lang de Strat fohren kunnen. Ut de Dörp weern en Deel Lüd vun de Volksstorm tum Schippen afkommandeert, un en poor Daag noh disse dramatische Entgleisung musse de Schriever ok mit de Schüffel afsted. As se in Dagebüll mit' Schippen ferdig weern, güng't noh Kolding, baben in Jütland. Dor worn de Panzergrabens mitten dör de Vörgorns gravt. Jörn Hansen harr't dorbi nich licht, denn sien ole Fründ, Ortsgruppenleiter Stakermann, harr dat Kommando. Wenn Jörn ünnen in'Graben stunn un de Schächters vull Woter leepen, leet Stakermann – de baben an de Kant stunn – em nich mol de Tied, dat Woter ut de Schächtern to geeten. Stakermann weer mitfohrt, weil't sick in't Dörp herumspraken harr, dat man in Kolding för Rookworen goode Meieriebotter, Kees oder gor en fette Aal intuschen kunn.

As't mit de Krieg up'n Rest güng, dusende vun Flüchtlinge in't Land herinströmten un de Fronten ümmer neeger keemen, wor ok in't egene Dörp de Strat upräten un en deepe Panzergraben utschüffelt. Höre jo mit to de »totale Krieg«. Noher keem alles ganz anners. As de Engländer upkrüzen, wiese dat sick, dat se umsunst schüffelt harrn. Bleev blot noch övrig, de Panzergraben wedder totoschüffeln, worbi Ortsgruppenleiter Stakermann nich mehr dat »Oberkommando« harr. As't dörkeem, dat de Tommy in Sleswig weer, harr he dat ielig kregen, de geele Amtswalteruniform un de langen Stäveln ünner de Waschkädel to verheizen. De »totale Krieg« weer vörbi, Stakermann güng wedder tru to Kirch un he harr herutfunnen, dat he eegentlich ümmer gegen de Nazis un gegen de Krieg wesen weer.

Eener keem torüch

Dat weer en Dag as veele anneren, en Dag, wor't för de Behörden veele Probleme geev. Probleme mit Lüd, de ut'n Krieg torüchkam weern un mit afrätne Flüchtlinge, de in Trecks – to Foot, mit

Blockwaagens oder Fohrwarken – hier baben an de Grenz strandet weern. Veele weern Hals över Kopp flüchtet vör de russische Panzerdivisionen. Kanonendonner un brennende Dörper harrn se achter sick laten. De meisten harrn nich mehr, as wat se an'Liev harrn oder mitsläpen kunnen. Geev Fruens, de nich wußten, wor de Mann afbleven weer un up de Jung noch lewe, Öllern, de ehr Kinner un Kinner, de ehr Öllern verloren harrn. Nu söchten se Rat un Hülp.

Se harrn keen Disch, keen Stohl, keen Bett un menni mol noch keen Dack över'n Kopp. Dat eene Poor Schoh weer twei, dat Tüch versläten un mitnahm vun't Lewen up de stövige Landstrat. Se wulln ehr Sorgen in't Gemeendebüro vördrägen. Se bruken Lewensmiddelkorten un wulln vörfragen noh en Schien för en Wulldäk, en Pann, en Grapen, Ätbesteek, en Poor Büx, Ünnertüch oder blot en Mütz. De se helpen sulln, stunnen up verlorne Posten. Wor sulln se dat hernehm?

In de letzten Daag vör de Engländer keem, weer't en bannige Döreenanner wesen. De Schriever Jörn Hansen harr daagelang ünnen in'Keller säten, wor he stapelwies Akten un Papiere verbrennen sull. Dat weer dat glieke, wat ick up'n Rest in Norwegen bi't Marinekriegsgericht erlewt harr. Dor geev dat massenwies Akten, de dat Dageslicht nich verdrägen kunnen, Akten, de vun junge Marinesoldaten vertällten, de blot dat säggt harrn, wat de Marinerichters sülm segen – dat de Krieg verloren weer – un dorum starven mußten. In de Festung »Kristiansteen«, hoch över de Trondheim-Fjord, harr man se an en Pahl bunnen, un wenn de ersten Sunnenstrahlen sick över de Fjord breeten, harrn se ehr Lewen laten mußt. En Paster, de Richter, en Inspekter un dat Erschötungskommando weern denn dorbi. Ick harr't menni mol erlewt, wenn de Oberinspekter noher vergnögt torüchkeem un melle: »Wieder einen umgelegt ...«

As de Kapitulatschon keem, seten dree Kameroden daagelang in'Keller vun't »Folketshus«, dat in »Admiralspalast« umbenöhmt worn weer, un verbrennten Gerichtsakten. Geev veele Akten, de dat Dageslicht nich verdrogen. Weer veeles verbrennt worn vör de Engländer keemen. Ok hier in't Dörp harrn sick veele frogt: Wat passeert, wenn de Engländer kümmt? Weer sacht en gefährlichen Kram, wenn se en Hakenkrüzfahn funnen, ok wenn en Fahn bither to jede Hus gehört harr, genau so, as de Husnummer. De Fahnen weern verbrennt oder heemlich vergravt worn. Ok de Bökerschappen mussen en Överhalung över sick ergahn laten. Wer wull schon in Düvels Kök kam, wenn de Engländer bi en Husdörsökung Hitlers »Mein Kampf«, Alfred Rosenbergs »Mythos des zwanzigsten Jahrhunderts« oder Hans Grimms »Volk ohne Raum« upspörten.

Jörn Hansen, de Gemeendeschriever, harr ok sien Bökerschapp överhalt. En Reeg vun disse gefährliche Böker, de siet 1933 för jede »Volksgenosse«, de sick nich verdächtig moken wull, to de Standardbibliotek gehörten, harr he kasseert un tosam mit de Gemeendeakten verbrennt. In de Verbiesterung harr he ok Felix Dahns »Ein Kampf um Rom« mit verheizt, weil't dorin ok bannig kriegerisch togüng. Nu kunn't em argern. Harr sick wiest, dat' gor nich nödig dahn harr. De Engländer harr't nich interesseert, wat in de Bökerschappen stunn. Se harrn dat ok nich so hat, as de egenen Parteilüd, de vör de Krieg Böker beslagnahmt un dusendwies up Scheiterhupens verbrennt harrn.

Jörn Hansen harr't nu jede Dag traffelt mit de veelen Flüchtlinge, mit entlatne Soldaten un de egenen Dörpslüd, de ok ehr Sorgen harrn. Hüt – weer en Diensdagvörmiddag – drängten sick besunners veele in de Schrievstuv. Weern ok en Deel entlatne Marinesoldaten dormang. Se kunnen nichmol de Jack toknöpen. In't Gefangenenlager harrn se de Knöp afsnieden mußt, weil dorup en Hakenkrüz weer. Dat weer meis en Wunner, dat man se de Knöp an de Büx laten harr. De meisten Besökers stunnen gedullig un tövten bit se an de Reeg weern. Dat Töven weern se gewohnt.

Dat weer mien Heimatdörp, un ick weer vör korten ok hier in't Büro anfungen. Dag för Dag seg ick, worhen de Krieg, dat »dusendjährige Reich«, uns bröcht harr. So kreg ick disse Vörmiddag ok mit, as en Mann mit möhe, släpende Schreed' vun de Dör herinkeem. Ok wenn jeder in disse Tied – un grad in disse Oogenblick – mit sick vullup to doon harr, richten sick alle Oogen up de Nüankamme: Dat weer, as wenn de Dod herinkeem. He weer mager, grau in't Gesicht. De Kinnbacksknaken stunnen wiet herut: He keem direkt ut de Höll, ut een vun 902 Konzentratschonslagers. Weer en Wunner, dat he nich to de söß Millionen gehöre, de dat Gruen in disse Lagers nich överlewen.

Ick ünnerhole mi mit em un froge noh dat, wat he dörmokt harr. Full em sacht swor, doröver to spräken. He truck blot langsam de plünnige Jack ut, un denn ok Hemd un Ünnerhemd: Ick heff noher över dat Gruenfulle in de Konzentratschonslagers veeles hört un lesen. Nix steiht so lebennig vör mien Oogen, as dat, wat ick hier seg: Vun de Schullern bit noh de Hüften leegen – meis so, as en Fächer – fingerdicke, fürig-rode Narven över de Rüch. Weer överflödig, wieder to frogen. He weer dör de Höll gahn. He weer för Frieheit un Gerechtigkeit up de Barikaden gahn – un harr en hoche Pries betolt.

Weer an disse Dag keener, de em begröte, keen Börgermeister un keen Paster. Johre dornoh seeg dat anners ut, as en fröere Politimann ut een vun de besätten Länner torüchkeem. He weer noh de Krieg in Holland vör Gericht stellt worn un harr en poor Johr in't Tuchthus säten. Nu wor he fiert as Märtyrer. Dor weern Girlanden, Bloomen, en Kinnerchor. Börgermeister, Schoolmeister un de Paster leeten sick dat nich nehm, em to begröten, un se sproken vun »dat Unrecht«, weil he ut' Tuchthus keem. Lang dornoh wor he mol frogt, worum se em insparrt harrn. He antwur recht torüchholend un meen blot:

– »Dat is jo dat, man wull dat besunners good moken ...«

Wat dorachter stook, kunn jedeen sülm herutfinnen.

Storm up de Marienholt

Dat weer in' Dezember 1945. En scharpe Ostwind fege över't Dörp. In'letzten Winter, as noch Krieg weer, harr de Küll se ok bannig tosätt. Awer veele Fruens harrn dormols »ehrn Mann« stahn. Sulln se tokieken, wenn de Kinner froren? Se weern mit de Blockwaag noh't Holt fohrt un harrn en Boom umsagt. Weer en swore Arbeit, awer dat slimmste weer de Angst. Se mussen dormit reknen, dat de Förster se dormang keem, de sülm rieklich to brennen harr un nich dornoh froge, up se in Not weern.

In'letzten Harvst harrn veele Inwahners sick Sorgen mokt över de kamende Winter, denn de Füerungsstall weer reinfegt. Se harrn in't Försterhus en Schien halt tum Stubbenroden un weern dormit anfungen. Veele harrn upgeven. Se harrn slechte Handwarkstüch un nix in de Knaken. Dat dullste weer, dat de Förster ümmer achter se her weer. He leet' nich to, dat se Holt vun de Boomstubben afkielten. Se sulln de Wuddeln mit utgraven, un dat weer en dulle Plackerie. Mennigmol seeten de Bökenwuddeln över een Meter deep in de lehmige Eer.

Disse Winter, wor endlich Freden weer, seeg dat för de meisten Inwahner slecht ut. Se harrn nix to brennen. De Marienholt weer neegbi, awer dor worn blot för de Engländer hunderte vun Böken umsagt. Vun de Holtkoppeln kunn man dör de Holt hendörkieken. De Engländer bruken Timmerholt för de Bargwarken, un se harrn de Krieg gewonnen.

De Middagstied weer grade vörbi. De meisten Steden weer't nich veel, wat Mudder harr up'n Disch sätten kunnt. Güng alles grammwies up Korten. För de gröttste Hunger geev dat Kartüffeln, de man sick up'n Harvst up de Koppeln herutbuddelt harr. Wenn de Buern bi't Kartüffelupnehmen weern, harrn menni mol över 100 Menschen an de Kant vun de Koppel dorup tövt, dat'Feld frigeven wor. Denn fulln se doröver her mit Hacker un Ammer. Veele fohrten up't Fohrrad tum Kartüffelbuddeln noh't Westen herut. Wenn't good güng, keemen se obends mit twintig, dörtig Pund noh Hus.

An disse Dezemberdag in't erste Nohkriegsjohr geev dat in de flachen Mietshüser veele ole Lüd, de in de Kökeneck seeten, sick in en Wulldäk inwickelt harrn un noh de Marienholt heröverkeeken. Dor dröben geev dat Brennholt nuch. De Rentner Heine Kran stunn ok an't Kökenfenster. Mit Middagsäten weern se fix ferdig worn. Harr Pulkartüffeln un Speck in de Pann geven. Marie harr afwuschen un Heine harr utnahmswies afdrögt un dormit en goode Indruck mokt. Nu weer he up wat upmarksam worn:

– »Wat is denn blot dröben in't Holt los?«, froge he Marie. Dat höre sick an, as wenn an de Holtkant sagt un mit Bielen haut wor. De Inslag för de Engländer güng bi de Försterhus vör sick, un dorum keem em dat wunnerlich vör. Upmol wor he gewohr, dat en slanke Bök sick langsam up de Siet lägge un denn mit en harte Knall up de hartfrorne Eer upsloog. Dure nich lang, dor full noch en Bök, un nu wor he ok up Lüd upmarksam, de ievrig hen un her leepen.

Heine Kran weer nich de enzige, de mitkreg, wat an de Holtkant vör sick güng. Dat weer, as wenn veele Inwahner up dit Signal blot tövt harrn. Se wickelten sick ut de Wulldäken, keemen in de Been un worn sick doröver klor, dat se sick mit de Küll nich affinnen wulln.

En Viertelstunn dornoh stunn de Schriever Jörn Hansen an't Fenster un putze sien beslagne Brillengläser. Vun de »totale Krieg« un de 60 Stunnen-Woch wor nu nich mehr snackt, un he harr rieklich Tied, tum Hoorsnieden to gahn. Sien ole Fründ, de Ortsgruppenleiter Stakermann, weer intwischen en fredliche Börger worn. De Biebel stunn bi em wedder höcher in'Kurs as »Mein Kampf«, un't vergüng keen Sünndag, wor he nich to Kirch güng. He seet sogor in'Kirchenvörstand. He weer vun de Tommy noch 8 Daag insparrt worn. Weer em keen Hoor krümmt worn, un he harr beter äten kunnt, as to Hus. Sietdem föhle he sick awer up glieke Foot mit Hans Nommensen, de – so as Mandus, Sophie un Willem – bit toletzt för de Frieheit streden un twölv Johre in't Konzentratschonslager leden harr.

De Schriever Jörn Hansen keek nohdenklich up de Strat herut. Weer veeles anners worn, un dat weer good so. Upmol wor't lebennig up de Strat. Jörn true sien egene Oogen nich: Dat weer, as wenn de Invaschon, up de se dormols so lang tövt harrn, nu insätt weer: Mit tweerödrige Handkoren, Blockwaagen, Schuvkoren un ole Kinnerwaagens ielten öllere Mannslüd, Fruens un ok gröttere Kinner an't Fenster vörbi. Se weern up de Wech noh de Holt. Dat mitföhrte Handwarkstüch, ole Sagen, Bielen, Piekhacken vertällen dütlich, wat hier in' Busch weer. De Mackers an de Holtkant harrn se wiest, wat to doon weer. Heete dat nich: »Help di sülm, denn helpt di de Herrgott«? Nu harrn se lang nuch froren, lang nuch tokeken, wenn de Böken ut ehrn Marienholt för de Engländer umsagt worn.

In de Holt stötten se up de Vörtrupp, un de Akschon leep up vulle Turen. Funnen sick fix Lüd, so as Heine Kran un de lütte Scholz, de sick up sowat verstunnen. Se övernehmen dat, de Böken umtosagen, wat nich ungefährlich weer. De övrigen Akschonäre töven intwischen up Afstand. Güng en Bök herünner, störten se herbi mit ehr Handwarkstüch, dat se in Iel tosamkramt harrn: Rostige Sagen, de nich recht snieden wulln un klemmten, Bielen un Äxte, de lang nich brukt worn weern. Wenn se över en Boom herfulln, weer't nich veel anners, as wenn de hungrigen Swatten in Afrika över en erläggte Elefant herstörten, dormit se ehrn Andeel kriegen. Dat weer en swore Stück Arbeit, awer se keemen vöran. De Twiegen worn afsagt oder afhaut, un denn wor de Stamm in Stücken sagt. Se weern so ievrig bi de Arbeit, dat se nichmol de iesige Ostwind spörten. Jeder packe up sien Fohrtüch – up Blockwaag, Schuvkor oder Kinnerwaag – wat herupgüng. Denn trucken se meis in Drav över de lütte Holtbrüch ut' Holt herut, lang Marie Kruse's Knick un noh Hus, wor de Füerung in'Keller verswunn.

Dure lang, bit' de Politi upgüng, wat an de Stadtgrenz vör sick güng. De Gemeendeschriever Jörn Hansen harr erst anropen wullt, sick denn awer överläggt, dat' beter weer, sick up sien Kortsichtigkeit to beropen. Gegen Obend keemen dree stramme Politilüd mit ehrn Deenstwaag ankajohlt un holten an de Holtkant. Dor weern de »Selbstversorger« un dat letzte Fohrtüch ut de Holt verswunnen. Hochbaben in de dicken Böken seet blot en Swarm Kreihn, de up de Twiegen un dat Bläderwark hendolkeeken, de up't Slachtfeld torüchbleven weern.

Dat weer en argerliche Kram för de Politi. Wat sulln se nu blot in ehrn Rapport schrieven? Se beratslogen, dachen scharp noh un worn sick denn enig, dat se de Saak up'n Grund un dat Holt upspören wulln. Se nehmen de Achterhöfe ünner de Lup. So klook as de Politilüd weern de Holthauers abenbor ok wesen. De Winterfüerung weer lang in'Keller. Blot Heine Kran harr sien Holt up de Hoff laten un weer up disse Ort schiet afsted kam. He weer möh torüch kam un harr meent, herinsläpen in'Keller kunn he dat ok de annere Dag.

– »Hauptsaak«, wi hefft dat Holt in'Drögen«, harr Heine säggt. Up en poor Stunnen keem dat nu ok nich mehr an. He wull sick man erstmol en kleene Luer kriegen. Denn harr he sick up'n Sofa läggt un sick mit de Wulldäk todeckt. Marie seet an'Kökenfenster un stoppe Strümp. Upmol reep se:
– »Heine, kumm fix her. Nu hefft wi dat Mallör ...«
– »Wat du ümmer häst, knurre Heine ünner sien Wulldäk. He keem denn awer liekers in de Been un tüffle noh de Kök herut.
– Du lewe Gott, ünnen up de Hoff stunnen dree utwussne Politilüd un bekeeken sien Bökenholt, as weer't dat söbende Weltwunner. Dat kunn en düre Tass Tee warn.

Ünnen up'n Hoff snacken se hen un her, un denn stüerten se up de Husdör to. Harr Heine nich in de School utwennig lehren mußt:
– »und mit des Geschickes Mächten
ist kein ewger Bund zu pflechten,
und das Unglück schreitet schnell ...«?

Nu weer't sowiet. Dure nich lang, dor wor bi Heine un Marie an de Dör kloppt. Heine weer fix wedder in de Stuv herinsust un up'n Sofa in vulle Deckung gahn. Sunst kunn't jo utsehn, as wenn he wat mit dat Holt to doon harr. Marie musse em erst »wecken«, un he gape noch vör Möhigkeit, as he sick noh de dree Politilüd henbemöhe.

– Nä, verklore Heine, as se em frogten. He harr keen blasse Schimmer, wer dat Holt dor henpackt harr. He höre nich to de Slag Lüd, de ümmer mit de Buk up de Fensterbank leegen un up annere Lüd wohrten. Weer ok nich richtig, »sick so an de Natur to vergriepen«, funn he. Füerung harrn se ok nich, vertäll he, awer he funn, dat weer ok bi disse Küll recht good uttoholen, wenn man up de Sofa ünner en Wulldäk leeg.

Dat weer en vernünftige Standpunkt, meene de Politimeister. Vör se güngen, entschulligten se sick noch för de Störung.

Marie leet de Wahnungsdör up Klemm stahn, un so kregen se ok mit, dat de Ordnungshöders ok ünnen bi Schulze's un Meyer ankloppen un se up'n Tähn föhlen. Dor worn se ok nich klöker. In sun Saakens holten de Huslüd tosam as Pick un Swefel.

Wat weer to doon? De dree stunnen ansluttend wedder ünnen bi dat »Corpus Delicti« un moken en nohdenkliche Gesicht.

Recht besehn gehöre dat Bökenholt nu noh't Fundbüro, un denn geev dat noch en »Verfahren gegen Unbekannt« un en siedenlange Rapport. Se harrn nich veel in de Maag, klamme Finger un nich veel Lust, ut de Rapport so veel to moken. Se funnen en salomonische Utwech: Se besloten, de annere Wech to kieken, dat Holt up de Achterhoff to vergäten – un up de körteste Wech noh Hus to fohren. Weer intwischen liekers Fierobend, un dat stunn en Beamte wull nich to, wegen dat dösige Holt, de keen Mensch gehöre, ok noch unbetolte Överstunnen to moken.

Sperrtied

De tweete Weltkrieg weer vörbi. Millionen weern up de Slagtfelder bleven, up See ünnergahn, in Gefangenenlagers storven, ünner Trümmern begraben. För de Militärregeerung stunn't fast, dat Krupp nimols mehr Kanonen bun sull. In't Ruhrgebiet worn hunderte Fabriken in de Luft sprengt. Alle Waapen sulln aflewert warn. Sogor ole, unbrukbore Jagdgewehre, de blot Erinnerungswert harrn, fulln dorünner. Noh de totale Afrüstung harr nichmol de Politi en Schöt-Iesen. Sull nu för Freden sorgt warn in de Welt – un för Ornung hier in't Land. Organiseerte Banditen harrn nachts de Buernhöfe överfulln un't Veh ut de Stallen trukken un de Kleengorns worn nachts plünnert. Dormit sull Slutt sien, un de Militärregeerung harr dorum »Sperrtieden« inföhrt. Obends, noh Klock teihn, dorv keener ünnerwegs sien.

Dat weer in disse Tied, as de Oldbuer Jakob Iversen up Musbekhoff wat Wunnerliches erlewe. Sietdem sien Fru storven weer, wahne he alleen in't Afnahmhus. Jakob weer mit sien 77 nich mehr de Jüngste. Dat weer anners wesen in sien junge Johre, as he Gardeulan weer in Berlin. Dat Soldatenbild hung in sien Stuv noch an de Wand. Wiese en Gardeulan to Peerds, un dorünner stunn: »Es lebe hoch das Regiment, das sich mit Stolz das erste nennt«. Wenn Jakob up de Soldatentied to spräken keem, vertälle he gern vun sien »erste Attacke« in Ellund-Krog. He harr Urlaub hat un weer in sien flottste Uniform to Ball gahn. Wiese sick awer, dat de Ellunder keen fremde Hahn in ehrn Höhnerhoff hem wulln. Se harrn em buten vör de Krog upluert un toletzt mit en Waagendietsel angrepen. He harr blank trucken, un en poor Angriepers weern in'Snee trümmelt. Dormols weer he noch en Kirl, awer bang weer Jakob ok hüt nich.

Een vun de letzten Daag in'November – se harrn noch ümmer Sperrtied – weer Jakob obends noch mol noh'n Kohstall gahn un harr noh'n Rechten sehn. Obends moke he sunst noch gern en Tur up sien Fohrrad, awer se harrn jo sotosäggen Husarrest. He weer fröh to Bett gahn. Nachts wor he upmol waken. He harr dat Geföhl, dat he in sien Slapstuv nich alleen weer. De Mond smeet sien bleeke Licht dör de Fensterschieven un speegele sick up de Footbahm. Wat weer dat blot? Dor röhre sick wat ünner sien Bett. Jakob verhole sick musstill un hole de Luft an. Dor atme doch eener ünner sien Bett! Nu hole de Gemödlichkeit up. He sätte sick piel up in't Bett un schule över de Bettkant: Dor keeken wohrhaftig twee Been ünner de Bett hervör. Wor twee Been weern, musse noch mehr sien. Jakob sprung ut'Bett, kreg de beiden Been tofat – un truck en Kirl ünner't Bett herut. Dat weer sacht good, dat se in de Kapitulatschonstied lewen, denn sien nächtliche Besöker kapituleere ok glieks. Wat he vertälle, weer lögenhaft antohören. Awer – man kunn jo liekers nich weeten: He weer up en Hamstertur wesen un harr sick in de Tied versehn. Weer jo dat mit »de dämliche Sperrtied«, meene he, un he moke dorbi en true Gesicht. He weer good dör'n Krieg kam un harr keen Meenung dorvun, sick nu in Freden vun de Engländer dodschöten to laten. Dorum harr he versöcht, sick in Jakobs Wahnung in Seekerheit to bringen. Denn harr he upmol Jakob över'n Hoff kam sehn. He weer so verbiestert wesen, dat he erstmol ünner't Bett kroop.

Jakob weer keen Unmensch. He harr intwischen Licht mokt un – weil he in de Ünnerbüx weer – erstmol Büx antrucken. Denn meen he, sien Macker weer sacht hungrig. He harr rieklich Wurst un Schinken in de Spieskamer. He kreg alles up'n Disch, kake en Pott Kaffee, un sien Besöker lange to, as wenn he de letzten acht Daag nix äten harr. Se kregen sick noch en ornlige Sludder, un up'n Rest bo Jakob sien nächtliche Besöker an, sick in de Stuv nebenan up'n Sofa to läggen. Disse weer't meis pienlich, dat he Jakob so veele Umstänne moke, awer he geev to, dat he bannig in de Kniep weer. Weer en tumpige Kram mit disse »Sperrtieden«, meen he noch. Dor kunn de beste Mensch jo in dulle Verlegenheit kam. He wünsche Jakob för de Rest en goode Nacht ...

En wunnerliche Kram weer't awer liekers. Noh twee Stunnen wor Jakob wedder waken, weil in de Stuv nebenan wat herumspökele. As he prahle, keem sien Macker herin un vertälle, he harr sick wull de Maag verdorven. Weer sun goode Kost nich mehr gewohnt, denn up de Lewensmiddelkorten geev dat alles blot grammwies. He weer blot mol ut de Büx wesen. Jakob meene, dat kunn passeeren, awer't weer em liekers leew, wenn he nu mol slapen kunn.

As he de annere Morgen ut' Bett keem, wunnere he sick nich slecht: De nächtliche Besöker weer verswunnen, un de Spieskamer mit de feine Wurst un Schinken weer utrümt. De Kökenfenster, de noh'n Gorn herutgüng, stunn sparrwiet up. De Vagel weer heemlich utflagen. Awer dat dullste weer liekers, dat de Halunk, vör he ut' Fenster klarr, mitten up'n Kökendäl en grote Hupen hensätt harr. Ok in de »Sperrtied« weer't nich anners: »Undank ist der Welt Lohn«.

Rechtlose Tieden

In de Buerndörper rundherum um de Stadt seg dat in de ersten Johre noh de Krieg wat swatt ut. Veele Buern keem't vör, as weer de Krieg för se nu erst richtig anfungen. Menschen, de in'Krieg as Arbeitssklaven ut ehr Heimat verfrachtet worn weern un fröere Kriegsgefangene – Letten, Polen un Russen – de nu in Barackenlagers ünnerbröcht weern, slooten sick tosam un moken nachts ehr Raubtög. Se broken de Stallen up un trucken dat Veh herut. De Morgen dorup funnen de Buern denn de blodigen Överreste vun't nächtliche »Slachtfest«: Kopp, Been, Fell un Ingeweide.

Menni mol broken se ok dör de Butermuern un schaffen sick Togang to de Swienstalln. De Swien worn in de Stall afstaken un – so good as't in de Iel güng – uteenanner sneeden.

Up veele Buernhöfe keem't in disse Tied to Överfälle noh beste Wildwest-Maneer. Besunners groff dreven de Letten dat, de an de Buterkant vun Flensburg in't Scharnhorst-Lager ünnerbröcht weern. Wat sulln de Buern dorgegen doon? Weern rechtlose Tieden. De Inbräker weern in de Övertall, un sätten se sick to Wehr, wor scharp schaten. Bi de totale Afrüstung harr de Militärregeerung för't övrige keen halve Arbeit leistet: De Bewahner weern tvungen worn, alles wat blot noh en Flint oder en Pistol utseg, heruttogeven. Nichmol de egene Politi harr en Schötlesen, un de Buern kunnen lang töven, vör de Militärpoliti sick röhre. In't ole Dörp an de Ossenwech geev dat toletzt meis keen Buernsted, wor't nich to nächtliche Överfälle oder Inbrüche keem. Över de Albertinenhoff weer't al en poor Mol hergahn. Dree Köh, en poor Swien un de meisten Höhner harrn doran glooven mußt. Nu harr Matthies Andresen, de Verwalter, en Alarm-Anlaag inbun laten, un he harr Kriegsrat holen mit sien Nohver Korl Thomsen, de en Kirl weer as en Boom. Wenn Not an Mann weer, wull Korl in Tokunft mit sien Lüd to Hülp kam.

Dat weer in' Februar 1947, un't güng up Middernacht to. Se harrn en harde Winter kregen. De Feldwech, de mang de Koppeln noh de Marienholt hendolgüng, weer lang tofüggt, un buten up't frie Feld leeg de Snee meis een Meter hoch. Matthies un sien Fru harrn lang waken legen. Ok Lüd mit Nerven as en Schippstau kunnen disse Tostand up de Duer nich utholen. Jede Nacht mussen se dormit reknen, dat de Letten wedderkeemen un dat Veh ut de Stall trucken. Matthies wor waken, as de Hund to kläffen anfung. Gliek dorup güng ok de Alarmanlaag. Nu weer dat wedder sowiet. Matthies sprung ut de Bett un keem fix in Tüch. Ok sien Fru truck dat vör, uptostahn. Se harrn hüt Vullmond, un dör't Kökenfenster seg he dütlich, wat vör sick güng: De Kohstalldör stunn sparrwiet up, un dree, veer Mann leepen in un ut. Achter de eene Kohstallfenster stunn ok en Kirl un kek upmarksam noh't Wahnhus heröver. Dat musse ditmol en grote Trupp sien. Wör nich lang duern, bit se wedder mit en Koh lostrucken.

Matthies störte hen noh't Telefon un alarmeere sien Nohver. Weern keen teihn Minuten vergahn, as Korl Thomsen mit dree Mann vun de Stratensiet ankeem. Dat weer meis as in'Buernkrieg: Se harrn Knüppeln un Mißforken, un egentlich fehle blot noch de Lee. Nu kunn't losgahn. Se keemen awer nich wiet, vör dröben, vun de Kohstall, Schüsse fulln. De Kugeln pepen se um de Ohren un pietschen gegen de Huswand. Se smeeten sick in'Snee un töven. Intwischen störten de Inbräkers ut'n Kohstall herut. Wull meisto nich uphören: Teihn, twölf Mann. Se trucken sick in Richtung noh't Holt torüch. Een vun de besten Köh, de se al losbunnen harrn, mussen se torüchlaten.

De annere Morgen moke Matthies sick up de Wech över de Koppeln. Weer keen Snee fulln in de letzte Nacht, un so weer't nich swor, de Spor to finnen. Güng över't Feld, dör't Holt un wieder över de Koppeln, un toletzt stunn Matthies vör de Barakken bi't Scharnhorst-Lager: Dat weern wedder mol de Letten, awer nu weer't sacht beter, umtokehren.

Dat bleev bi mit de nächtlichen Överfälle. Up de Musbek-Hoff an de Lachsbachtal harrn Inbräkers en poor Mol de Muern dörbraken un in de Stall Swien afslachtet. Up de Koppel weer up'n Harvst ok en Koh slachtet worn.

Dat weer mitten in'Winter un Middernacht weer grad vörbi, as Kidde Iversen – de Buer – waken wor. He harr wat poltern hört, un dat kunn blot vun'Swienstall kam. He keem fix in de Büx, hale sick in'Düstern en lütte Taschenlamp un sleek vörsichtig över de Hoffplatz. In de eene Hand harr he de Taschenlamp, in de annere en Mißfork. Kidde weer ümmer en Drupgänger wesen. Mit 19 harr he de erste Weltkrieg mitmokt un de Slachten bi Verdun un an de Somme överlewt. In de Twintiger weer he noh Amerika utwannert, un he weer erst torüchkam, as he de Hoff övernehm sull.

In San Franzisco – an de Waterfront – harr he sick dormols dörbieten mußt, un toletzt harr he en egene »Gang« vun 80 Mann hat. Weer nich ümmer licht wesen. In'Anfang harr he sick ünnen in de Lastrum mennigmol blot mit de egene Füst dörsätten kunnt. Näh, Kidde Iversen weer nich bang. Ok nich in disse Nacht, as de Inbräkers wedder an't Wark weern.

Vörsichtig moke he de Stalldör up un güng herin. Weer pickdüster. De Swien weern bannig unruhig. Kidde knipse de Taschenlamp an. De swache Lichtschien güng nich wiet. In de Swienstall weer't sied ünner de Deck. Baben leegen tom Deel noch ole Schippsplanken, de Jakob, sien Urgrotvadder sacht ünnen an'Haben updreven harr, as he de Stall vör över 100 Johr bun leet.

De Boxen leegen to beide Sieden vun de smalle Gang. Vun Inbräkers weer keen Spor, awer he musse wieder herin in't Düstere. Upmol wuß en Schatten vör em up un versperre de Wech. Dor weer de Kirl! Se stunnen eenanner drauend gegenöver: Hier de Buer – dor de Inbräker. Keener geev en Lut vun sick, un in de Swiensstall weer't upmol unheemlich still. Hier geev dat keen Pardon, awer se weern so neeg an eenanner, dat Kidde sien Fork nich bruken kunn. Unvermodens versöche de Inbräker, vörbi to kam. Kidde dreep em hart mit de Fust, awer he keem liekers noh de Stalldör, störte herut un renne in Düstern gegen en Kastenwaag, de up de Hoffplatz stunn. He keem wedder up de Been un flüchte de Ulmenallee hendol. Kidde Iversen weer em up de Hacken. He harr de Holtschoh smäten un leep in Strümpsocken. Denn weer he mit de Kirl up glieke Höchte. De Fust dreep em in't Gnick, un he güng koppheister över de Wierdraht in de hoche Snee. Dor geev de Inbräker up, un de Wech güng noh de Politistatschon. Dat dure lang, vör't vörbi weer mit de rechtlosen Tieden. As dat sowiet weer, wiese dat sick, dat in't Dörp an de Ossenwech bi nächtliche Överfälle un Inbrüche 30 Stück Veh un veele Swien afslachtet worn weern.

Bottermelksupp un Klümp

– »Undank ist der Welt Lohn«, ward säggt, un dor is wull ok wat an. Dankborkeit is en seltene Plant, un dat is beter, nich dormit to reknen. Awer dat gifft ok Utnahmen. So is dat jo meistens.

Ick denk dorbi an Theodor, de Anfang de Twintiger bi en Dischermeister in Kleenwolstrup in de Lehr weer. An de Hövelbank stunn he sien Mann. Awer he däh dat ok, wenn't an't Äten güng. Sien Lievgericht weer Bottermelksupp un Klümp. Dreeundörtig Mehlklümp dat weer so sien Satz. Wenn he de Bottermelksupp un de Klümp verdrückt harr, kreg he ok noch sien Part vun de Kartüffeln un Fleesch. Harr he dat achter sick, stunn Theodor sinnig up, güng herut noh de Pump un drunk en grote Portschon Woter, dormit de 33 Mehlklümp swimmen kunnen. De Meisterfru harr ehrn Spoß an Theodor. Se meene blot: » – Satt sall de Jung hem. Is good, dat' em smeckt«.

Weer keen Wunner, dat de Lehrling grot un stark wor. As he utlehrt harr, arbeite he en poor Johr as Gesell. Dat seeg in disse Johre överall swatt ut. Wor nich veel verdeent, un't worn ümmer mehr, de vör de Arbeitsämter Slang stunnen. Dor entsloot Theodor sick 1928, noh Amerika uttowannern. Güngen en Reeg Johr, un de Meister un sien Fru kregen af un to en Breev. Dorin stunn, dat he in Chikago as Discher arbeite un goode Geld verdeene. Denn broken de Nohrichten af.

Up disse Siet vun de grote Diek weer't intwischen noch wieder bargaff gahn. Weil de Menschheit noh de erste Weltkrieg nich klöker worn weer, moken se 1939 wedder Krieg. Föftig Millionen Menschen keemen um't Lewen, un as't vörbi weer, kunn man anfangen, de Trümmern uptorümen. Wor hungert un froren. Dat wenige, wat to hem weer, güng up Lewensmiddelkorten, un de Botterratschon weer so lütt, dat de Höker dat meis nich inpacken kunn. Bohnenkaffee kennten de Lüd blot noch de Nahm noh.

Dor kloppe de Postbote enes Daags an bi de Dischermeister un sien Fru un bröche en grote Paket mit Sakens, de se siet veele Johre nich mehr sehn harrn. Dat Paket keem vun Theodor, de in Chikago intwischen en rieke Mann worn weer un buterhalv vun de Stadt in't Gröne wahne. He weer vör Johre anfungen, an de Börs mit Wertpapiere to spekuleeren un harr dormit en Barg Geld verdeent. Solang, bit de »hungrige Tied« överstahn weer, keem nu Monat för Monat en Paket ut Amerika. In de erste Paket leeg en Breev vun Theodor. Dorin stunn, dat weer as Dank för de feinen Mehlklümp, de he de Meisterfru nich vergäten harr.

Mit de Kastensläh dör de Winternacht

Dat weer een vun de ersten Nohkriegs-Winter. Dag un Nacht harr dat sneet. En Sneeploog geev dat nich. Nu, noh de Krieg, weer nich mol Handwarkstüch uptodrieven. De Kolonnen, de tom Schüffeln utkommandeert weern, stunnen up verlorne Posten. Full mehr Snee, as wat se wechschüffeln kunnen, un rundherum weer de Himmel grau. Dat lütte Dörp Niehus weer vun de Umwelt afsnäden. Wer up de Sneedrieven herupklarre, kunn de Telefondröht langen.

Veele Inwahner worn nervös. Awer am dullsten weer't för Otto un sien Fru, de grad in disse Tied mit Familientowaß reknen kunnen. Se wahnen bi sien Broder up de Hoff. Gerda harr acht Monate achter sick. In veerteihn Daag kunnt sowiet sien, un denn musse se noh't Krankenhus. Seeg nich dornoh ut, dat de Strat bit dorhen fri weer.

– Dor kann blot de Sneevogt helpen, dache Otto, un he leep, wat to verstahn is, de Sneevogt de Dören in.

– »Kann jede Dag losgahn«, verklor he em, »un du häst dorför uptokam, dat wi dörkam. Dorum büst du jo Sneevogt«.

Dat weer lichter säggt, as dahn. Dres harr sick nich grad räten um disse Posten. He harr meent, dor weern sacht Lüd, de sowat beter kunnen un scharp weern up en Ehrenamt. Awer de Kirl up't Rathus, de mit em good Fründ weer, harr säggt:

– »Dres, du büst grad de richtige Mann«.

Nu seet Dres dor mit dat Stück Mallör. De Strat weer pottdicht, un an Dörkam weer nich to denken. Jede Dag höre he sick de Wärderbericht an, awer dat Wurt »Dau« geev't wull nich mehr. »Mit starken Schneefällen ist zu rechnen«, heete dat ümmer, un dat dullste weer, dat se ümmer recht kregen. Dres hape noch ümmer, dat' Wärder rechttiedig umslahn wör. Awer dor harr en Uhl säten: Nachts Klock twee belle de Hund up Dres Sörensen's Hoff un Otto kloppe upgeregt an't Fenster: Bi Gerda harrn sick de Wehen instellt, verklore he. Se mussen afsted mit ehr – un dat glieks. Güng nich ohne de Dokter, un för en Dokter weer keen Dörkam. Up de Hoff moken se al de Kastensläh torecht, un weil Dres Sneevogt weer, musse he lewer mitkam.

Grad in disse Nacht harr't nu ok noch Iesslag geven, un as Otto un Dres herutkeemen, güngen se as up poleerte Appeln. Otto's Broder harr intwischen de beiden Brunen vörspannt.

– »Een Glück, dat wi noch de ole Kastensläh hem«, meene he, as se heröver keemen. Achtern in de Släh worn twee Klapp Stroh utbreet'. Dor moken se en Lager för de tokünftige Mudder torecht, de bannig över Wehen klage. Ehr Swägerin bleev an ehr Siet. Vörn in de Släh seeten Hans un de Sneevogt. Hans greep faat up Tögel un Pietsch, un denn güng't herut in de Winternacht. Weer nich doran to denken, up de Strat dörtokam. Güng över de Koppeln. Awer hier leegen ok hoche Sneedrieven, un jede Oogenblick harrn se sick fastfohrt mit de Kastensläh. En poor Mol keeken vun de beiden Peer blot noch Hals un Kopp ut de Snee. De Kutscher un de Sneevogt harrn een Been butenvör, dormit de Släh nich umkippe. Güng langsam, awer se keemen vöran.

Otto, de tokünftige Vadder, marse sick as erste över de Koppeln. Ümmer vörut. Vun to Hus harr he en Taschenlamp un de Knieptang mitnahm. He musse de Piekdröht mang de Koppeln dörkniepen, dormit se dörkam kunnen. Intwischen weer't nu ok noch anfungen to függen.

– Weer en Glück, dat de Mond af un to mang de Wulken hervörkeek, full dat de Sneevogt in. Sunst weer gorkeen Dörkam wesen. Weer övrigens ok good, dat he in'Krieg en Sanitäts-Lehrgang mitmokt harr, denn't kunn jede Oogenblick passeeren, dat'Kind to Welt keem.

Otto leep ümmer vöran mit Taschenlamp un Knieptang. Mangdör verswunn he meis in de hochen Drieven. Wenn se herankeemen, harr he de Piekdröht dörklippt. De Peer schnoven un stampen, de Snee pietsche se in't Gesich. Achtern in de Släh, up de Roggenstroh, klage sick de junge Fru. Weer för ehr en harde Törn.

Güng över de Koppeln bit se noh Klues keemen. Denn wor't beter. De Klock güng up veer to, as se mit de Kastensläh vör't Krankenhus holten. Alles weer pickdüster un de Dören verslaten. Otto leep mit sien Taschenlamp rund um de Gebüden. Endlich keem he in't Hus herin un funn en Swester. Wor upslaten. Gerda kunn nich gahn, un't weer ok to riskant. Awer worto harrn se de Sneevogt? Dres nehm Mudder un Kind up'n Arm un droog se vörsichtig herin. Bald dorup keem dat »Winterkind« to Welt.

Noher güng dat mit de ole Kastensläh torüch. Awer nu kunnen se sick Tied laten, un de Knieptang wor ok nich mehr brukt. As se up Hans Jessen's Hoff holten, meene he, noh disse Reis kunn't wull nödig doon mit en goode Snaps. Dat weer blot en »Röven-Snaps«. Noh de Slähtur över de Koppeln hät de »Röven-Snaps« se awer beter smeckt, as de dürste Aquavit.

De Foss un de Goos vun Süderholt

Vun't »Paradies in Süderholt« snacke Margrete Thomsen menni mol, wenn se up ehr Kinnertied to spräken keem. Ehr Öllern harrn um 1900 en Buernsted an de Buterkant vun Süderholt in't schöne Angeln. De Hoff harrn se vun Mudders Öllern övernahm. Weer noher slecht utgahn, as de Hoff up ehr Swoger övergüng. He weer dat Drinken anfungen un harr öft in de Krog säten. Wenn he mit Farken to Markt fohre, bleev he daagelang wech, un denn geev he in de Krog mehr ut, as wat he innahm harr. Weer bargaff gahn. He harr Geld upnahm un sick toletzt wull nich mehr utsehn kunnt. As he eenmol wedder in de Krog seet, dreep he en Buer vun de Geest. Disse Obend vertusche he dat schöne Süderholt in Angeln gegen en Geesthoff wiet buten in't Westen. Se kregen mehr Land, koste mehr Sweet un bröche blot de halve Erdrag.

Se worn bald gewohr, wat se verloren harrn. Margrete Thomsen lenge, solang se lewe, torüch noh't schöne Süderholt, un ok de Kinner tährten ehr lewenlang vun de Erinnerung an dat »verlorne Paradies«. To disse Erinnerungen höre ok de Geschich mit de Foss un de Goos, de sick kort vör Wiehnachten todragen harr:

Se harrn en unwohrschienlich harde Winter kregen un weern vun de Umwelt meis afsneden. De Snee leeg in hoche Drieven. In' Holt, de liek achter de Hoff anfung, weer't in disse Tied still. Alles weer ünner Snee begraben. Ok för de Foss weern't slechte Tieden. Wenn de Maag em to dull knurre, wage he sick ut de Holt herut un streek um de Gebüden herum.

De Wiehnachtsvörbereitungen weern in vulle Gang. Se harrn rechttiedig slachtet, un Mudder backe jede Dag Kooken. Obends stellten de Kinner ehr Puschen in't Fenster. Wenn se fröhmorgens Zuckerkram, en rodbackige Appel oder en Mehlpopp herut-halten, wunnerten se sick, dat de Wiehnachtsmann överhaupt mit sien Släh dör de Sneedrieven kam kunn.

Dat weer dree Daag vör Wiehnachtsobend. In disse düstere un koole Tied weern se fröh in de Puch gahn. Middernacht weer al vörbi, as dat upmol in de Goosstall, de en bet afsiets leeg, en dulle Spektakel geev. Se fohrten ut'n Slaap. Mudder begreep glieks, wat dat up sick harr:

– »Vadder«, reep se, »de Foss is in de Goosstall!«

Dor geev dat nich veel to överläggen. Vadder Thomsen sprung so gau ut de Bett, as wenn't brenne, un Mudder kreg dat hild, de Petroleumslamp antofengen. Vadder nehm sick keen Tied, erst Büx antotrecken: In Hemd un Unnerbüx un mit blode Föt störte he herut in de koole Winternacht, dör de deepe Snee heröver noh de Goosstall, wor de Gös noch ümmer an'Schrien weern. Weer good, dat se grade Vullmond harrn.

As Vadder Thomsen halvwegs hen weer, gleed' de Foss ut de Stall herut. Ok wenn't binnen düster weer, harr Meister Reinicke sick in de Goosstall good torechtfunnen: He harr de gröttste Goos mang de Tähns un harr dat ielig, noh de Holt torüch to kam. De stackels Goos sloog wild um sick mit de eene frie Flunk. He sätte de Foss ornlig to, un de Feddern flogen. Harr sacht keen Meenung dorvun, to nachtslapen Tied mit de Foss to Holt to gahn. Güng liekers in disse Richtung. Awer nu kreg de Goos Hülp. Al wat' Tüch holen kunn, sprung Vadder Thomsen – in Unnerbüx un blode Föt – achter de Foss her, un he keem ümmer neeger. De Foss harr swor to släpen un kunn in de hoche Snee nich recht vöran kam. As de Buer em meis bi'n Steert tofaat harr, mußte de Foss de Goos loslaten, un glieks dorup weer he in't Holt ünnerdukt.

Korte Tied dornoh keem Vadder Thomsen dörfroren, awer mit vergnögte Gesich, wedder vun de Husdör herin. De upgeregt snatternde Goos droog he ünner de Arm. As dat Licht vun de Petroleumslamp up em full, güng't em erst richtig up, dat he blot Hemd un Unnerbüx an harr un barfot herutstört' weer. Mudder kreg dat nu traffelt. En Kädel Woter wor to Füer sätt. Denn wor de Goos wuschen un de eene Flunk verbunnen. As he erst bi de warme Oben in de Korv leeg, keem he fix to sick.

Dat weer de beste Goos un dorum ok as Wiehnachtsbraden vörsehn. Vadder meene awer, de Goos harr de Foss so good tosätt, dat' Sünn' weer, wenn he Wiehnachten doran glooven sull. So güng't to, dat de Goos sick up Süderholt noch en poor Johr hät pleegen kunnt.

Süderholt weer – un is noch ümmer – en Paradies in't schöne Angeln. Margrete Thomsen hät ehr ole Heimat ehr lewenlang nich vergäten. To de veelen Erinnerungen höre ok de Wiehnachtsgeschicht vun de Foss un de Goos ...

Piepsmöken in de School

Dat heet jo: »Wie die Alten sungen, so zwitschern die Jungen«. So weer't fröer, un hüt is't nich anners. Wenn »de Olen« as en Fabrikschorsteen rooken, dörvst di nich wunnern, dat'Kinner gifft, de al in de Schooltied mit'Smöken anfangen. In fröere Tieden harrn se dat dormit nich so ielig. Veele Buernjungens fungen an to smöken, wenn se to Preester güngen. Föhlen sick denn halvwegs erwussen. Up de Henwech wor smökt, un vör se ankeemen, wor de Piep an en Wall, ünner en Dornbusch oder en lütte Brüch verstaken, denn de Preester wull vun Piepsmöken nix weeten. Weer em lewer, wenn de Jungs sick för de Katechismus interesseerten.

Ut ehr Kinnertied hät mien Mudder mi vör Johre mol en Geschicht vertällt, de sick um 1895 in de eenklassige School in Stolk todragen hät. Dorbi güng't ock um »Piepsmöken«. Hannes Remien harr sien Vadder, de Meieriebestürer weer, dat Smöken rieklich fröh afkeken, denn he weer erst twölf. He harr sick wull säggt: Wenn Vadder as en Meierieschorsteen rookt, kann ick dat ock mol probeeren. För en ole Taschenmeß mit een heele un een afbrakne, halve Kling harr he bi Fiete Schütt en utdeente Schägpiep intuscht un sick denn ut Vadders Tobakskasten sülm bedeent. Sietdem keem he sick bannig grot un erwussen vör, wenn he mit de afknapperte Piep achter de Schüneck stunn un heemlich smöke.

Nu leeg de Dörpsschool gegenöver vun de Meierie. Vör se in de School anfungen, keem de Schoolmeister Krüzfeld jede Morgen mit de Melkpott över de Strat un stüere noh de Meierie heröver. Krüzfeld weer en bannige Kirl, wenn he vör de Klass stunn, un se mußten pareeren. Awer to Hus harr he nix to mellen. Sien Amanda harr de Büx an, un he mußte sick dormit affinnen, dat he vör de Schooltied dröben in de Meierie Melk halen sull. Keem sick öft en bet flau vör dorbi, wenn he mit de Melkpott över de Strat güng un dorbi en poor Kinner dreep. Awer wat sull he moken? Amanda harr Hoor up de Tähn, un dat kunn he ock nich ännern. Wenn he en bet lang slapen harr, kunn de Unnerricht nich rechttiedig anfangen, awer dat weer de Kinner blot recht.

Enes morgens keek Krüzfeld up sien Melktur rein tofällig noh de Schün heröver, de neben de Meierie leeg. Grade in disse Oogenblick schule Hannes Remien um de Eck. Krüzfeld true sien egene Oogen nich: De Bengel harr wohrhaftig en Schägpiep in de Mund un qualme ut alle Knöp. Hannes fohre tosam, as he Krüzfeld gewohr wor un truck sick fix torüch. De Piep wor ünner en Sollerbeerbusch verstaken, un denn seeg he to, dat he noh de School heröverkeem. Dat seeg swatt ut vör em. He kunn sick utreknen, dat Krüzfeld em vör de Klass en Strafpredik holen un em de Büxen stramm träcken wör. Mit sien Vadder wör he dat denn ock noch to doon kriegen.

Awer dat keem anners: As se beed' un sungen harrn, fung de Religionsünnerricht an, un Krüzfeld vertälle vun de »Fischfang up de See Genezareth«. Vun't Piepsmöken wor nich snackt. So glatt kunn de Kram wull nich afloopen, sä Hannes Remien to sick sülm, un dormit sull he recht beholen. Güng stunnenlang good. Krüzfeld däh, as wenn he nix sehn harr. Awer in de letzte Stunn, as se »Geschichte« harrn un grade bi Kaiser Barbarossa's Dood in de Salef ankam weern, keek Krüzfeld upmol vergnögt noh Hannes heröver, un denn meene he:

– »Hannes, eh ich das vergeß: Du bist ja so fix in Piepsmöken ...«, un denn geev he em de Updrag, sien Piep herövertohalen un se wat vörtosmöken.

Dat hulp nix. Hannes Remien mußte de Piep ut de Verstäk heruthalen, un as he wedder in de Klass weer, lange Krüzfeld em sien egene Tobaksbütel. Denn sull he sick vör't Pult upstellen, de Piep stoppen, un de Schoolmeister geev em sogor sülm Füer. – »Na, nu smök man schön«, sä Krüzfeld denn.
Weer dat en Spoß för de achtig Kinner.

Hannes truck vertwiefelt an de ole Piep, de upmol Nücken kregen harr un gornich träcken wull. Dat weer em noch ni passeert. Buten an de Schüneck weer't veel beter gahn. Leeg wull doran, dat se al tokeeken, sick anstötten, upstunnen, dormit se beter kieken kunnen, tuschelten un grienten. He dache ock al en bet an de Jackvull, de he up'n Rest wull liekers kriegen wör. De Schägpiep güng en poor Mol ut. Awer Krüzfeld weer de Fründlichkeit sülm. He hulp ümmer wedder ut mit en Rietstick. Hannes Remien keem sick gornich mehr »grot un erwussen« vör. Dat dullste weer, dat de Kinner nich blot grienten. Se fungen an luthals to lachen, un Krüzfeld däh nix, um se to Räson to bringen. Se funnen de Vörföhrung veel spoßiger, as de Geschichte vun Kaiser Barbarossa, de up sien Krüztog in de Salef versapen weer.

Am meisten argere dat Hannes, dat Fiete Schütt een vun de lutsten weer. Sull he sick nich wat schaneeren? Weer Fiete, de em dör de Tuschhannel verföhrt un em disse Kram inbrockt harr. Över't Ohr haut harr he em ock noch dorbi: En ole, afknapperte Piep, de sien Vadder wechsmäten harr, för de feine Taschenmeß, de Hannes up't Moor funnen harr. Weer eenfach lachhaft!

De Piep wull un wull nich träcken, un de Kinner moken en Spektakel, as weern se up'n Sleswiger Peermarkt. Dor leepen Hannes toletzt de Tranen över't Gesich. Awer he bleev bi, an de ole Piep to träcken, un nu funkschoneere dat upmol. As de Schägpiep leersmökt weer, wische he sick mit de Jackenärmel de Sweet un de Tranen af, nehm de Piep un lägge de up de Pult. Dat Piepsmöken so swor sien kunn, harr he sick nich drömen laten.

Up de Smökerie achter de Schüneck güng Krüzfeld noher gornich in, un Hannes kreg ock nich de Büxen strammtrucken. De Schoolmeister dache wull, de Demonstratschon vör de Klass weer Straf nuch. Vun sien »Fröhtur« noh de Meierie snacke he sowieso nich gern. Krüzfeld meene blot, dat weer sacht beter, wenn he de Schägpiep in Verwohrung nehm bit Hannes konfirmeert weer. De Piep verswunn denn ock in de Schuvlad.

As Hannes un Fiete Schütt sick noher buten vör de School dreepen, kreg Hannes em bi de Jackslippen tofat un meene, he harr mit em noch en Höhn to ruppen: Weer Fiete sien Schuld, dat he vör de Klass har smöken sullt, un dat se em utlacht harrn, worbi Fiete sick besunners hervördahn harr. Bi de Tuschhannel harr he em ock över't Ohr haut, un eegentlich harr he en Jackvull verdeent. Dat End vun't Leed weer, dat Hannes sien feine Taschenmeß mit de eene heele un de eene afbrakne Kling torüchkreg un beide sluckohrig noh Hus güngen.

Kröschan Stamp, de Tippelbroder

Is al en bet her, dor bläder ick enes Daags in en ole Protokoll. Dor stunn mit steile Bookstaven ünner de Johrstall 1908:

»Kröschan Stamp unabgemeldet auf Wanderschaft«.

To disse Indrägung hört de Geschichte vun de Tippelbroder Kröschan Stamp: He heete richtig Kröschan Schmidt. Weil he siet veele Johre in'Winter bi Carsten Stamp as Kohknecht weer, nennten se em in't Dörp blot Kröschan Stamp. Kröschan harr dat nich anners, as veele Tippelbröders: De meiste Deel vun't Johr weer de Landstrat sien Tohus. Wenn't Winter wor, de scharpe Ostwind vun de See heröver gefegt keem un de Ossenwech vun Sneedrieven dichtfüggt weer, keem he awer enes Daags hungrig un dörfroren noh sien ole Arbeitsplatz bi Carsten Stamp torüch. Meistendeels harrn se al up em tövt, un Mudder Stamp harr denn wull meent, weer meis Sünd, dat Kröschan bi disse Küll noch ünnerwegs weer.

Kröschan harr sick dat frie Lewen un de Buddel verschreven, un he kunn good ohne Arbeit utkam. In' Winter truck he awer de warme Kohstall vör, ok wenn dat mit Arbeit verbunnen weer. Siet Johre betruck he bi Carsten Stamp sien Winterquarteer.

Geev in't Dörp en Deel Buern, de in de Wintertied en Kohknecht bruken kunnen, de mit en lütte Eck in de Peer-oder Kohstall, de Kost un en bet Taschengeld för Brammwien tofreden weern. Öft weern dat Tippelbröders, de vun Profeschon Schoster, Snieder oder Slachter weern un nich lieker good mit'Veh un mit en Mißkor umgahn kunnen.

Solang de Küll anhole un de Kalenner noch up Winter hendüe, weer Kröschan Stamp tofreden mit de Arbeit in de Kohstall. Dat wor anners, wenn de Daag länger worn, de Kiewiet över't Feld schreeg un de ersten Lerken över de Koppeln stunnen. Denn kunnen em ok teihn Peer nich mehr holen. Weer ümmer dat glieke. Eenes morgens, wenn Carsten Stamp an de Kamerdör kloppe un Kröschan ut de Puch smieten wull, weer de Vagel utflagen. De Buer güng denn blot noh de Gemeendevörsteher un sä Bescheed. To glieke Tied, wor de Schriever in de Dintenputt düppe un sien Indrägung moke: »Unabgemeldet auf Wanderschaft«, weer de Kohknecht Kröschan Stamp al en ornliche Stück langs de Landstrat marscheert. He fleute sick en Stück oder sung, mehr lut as schön, mit de Lerken um de Wett: Wor weer dat Lewen wedder schön. Em wer to Mood, as en Vagel, de ut'n Buer herutlaten ward. He harr nich vergäten, sick vörher noch en Buddel Brammwien to koopen, de ut de Jackentasch hervörkeek un intwischen anbraken weer. De Koh- un Peerstall, de Buern un dat Dörp legen achter em. Över de neegste Winter bruke he sick keen Sorgen to moken. Ween't sowiet weer, wör he wedder bi Carsten Stamp an de Ossenwech ankloppen.

So weer dat Johr för Johr gahn: Wenn de Winter keem, keem ok Kröschan Stamp. Awer enes Daags keem wat dormang:

De Gemeendedeener Hans Schmidt, de fröer up de Schippswerft arbeit' harr un noch ümmer vun de »Slavenarbeit« snacke, weer en veelsiedige Mann: He weer Gemeendeschriever, Feldhöder un Nachtwächter. He musse awer ok de Breve un Inladungen utdrägen, weil se dat Porto sporen wulln. Sien Inkam passe nich recht to de veelen Upgaven, de se em uphalst harrn, un't kunn nödig doon, en poor Groschen extra to verdeenen. Noh de Deenstiied seepe he dorum ok de Dörpslüd in un klippe se de Hoor. En Sünndagvörmiddag, dat weer in'Winter 1912, seet Kröschan Stamp bi em in de Kök. Kröschan harr wedder mol sapen un stunk noh Spriet. De Brammwiensbuddel keek noch ut de Jackentasch. As Hans em inseept harr un dorbi weer, de Bort aftoschrapen, fraage he:

– »Sägg mol, Kröschan, wann wiß du eegentlich en ornliche Mensch warn?«.

Kröschan överhöre dat un snacke vun wat anners. Wat verstunn en Gemeendeschriever un Nachtwächter schon vun sien Dörst? Noher wiese dat sick, dat Kröschan Stamp noch en Buddel Brammwien halt un sick de glieke Obend in Jes Preester's Peerstall to slapen henläggt harr.

As de Nachtwächter Hans Schmidt um Middernacht sien Tur dör't Dörp moke, dreep he up de Holmbarg de Schorsteenfegermeister, un se kregen sick en Klöhnsnack. De Tied kunn lang warn för en Nachtwächter. As se noch stunnen un snacken, worn se över't Dörp en Füerschien gewohr. Dat brenne bi Jes Preester, un Hans kreeg dat ielig, mit'Füerhorn dör't Dörp to loopen. De Füerwehr kunn nix upstelln, un de Hoff brenne dol. As de Brandsted noher uprümt wor, funnen se de verköhlte Liek vun Kröschan Stamp. He harr wull smökt, weer dorbi inslapen un in'Peerstall verbrennt.

So erinnert de lütte Indrägung »unabgemeldet auf Wanderschaft« noh söben Johrteihnte noch ümmer an de Tippelbroder Kröschan Stamp, de dat ungebunnene Lewen öwer alles güng, öftmol to deep in de Buddel keek un blot arbeite, wenn de Winter em vun de Landstrat verdreev.

Fiete

Dat weer een vun de letzten Daag in' Februar 1907. Leeg Snee up de Koppeln, un en iesige Ostwind fege över dat flache Land. En Trupp Jungs un Deerns weern up de Rüchwech vun Handewitt. Tweemol in de Woch mussen se to Preester. Langbarg harrn se achter sick laten. Kort vör Schäperhus Krog güngen de Kinner ut'Arbeiterdörp liekut, noh de Holt heröver. De Konfirmanden ut'Buerndörp marscheerten nu lang de ole Kirchenwech.

Dure nich lang, vör se an »König Arilds Graffhügel« vörbi keemen. In'Sommer un up Harvst harrn se ümmer Holt mokt bi de ole Graffhügel. Se klarrten denn herup, leegen mang Heidekrut un Ginster un trümmelten mangdör wull ok de Barg hendol. Lorenz Andresen, de ok mang de Konfirmanden weer, harr se anvertrut, wat' up sick harr mit de Barg: Wenn he mit Grotvadder över de Koppeln güng, vertälle he em mennigmol vun König Arild. Vör 3000 Johr harrn sien Lüd em in de Barg – in en ekene Boomsarg – bisätt. Rieke Gaven ut Gold un Bronze harr he up de letzte Reis mitkregen. Wer sick up de Barg dollägge un sien Ohr fast in't Heidekrut drücke – harr Grotvadder vertällt – kunn hören, dat noch ümmer Lewen weer in de Barg. Af un to fung dat an to »bullern«, un dorum harrn de Olen ümmer vun de Bullerbarg spraken. Fiete Schmidt un Lorenz Andresen harrn dat up'n Harvst en poor Mol utprobeert, un se harrn sick dorvun övertügt, dat' richtig weer. Wenn't Fröhjohr wor, sulln se wedder herup up »König Arilds Graffhügel«, wor Hannes Jürgensen menni mol en »Bargpredig« hole, över de Paster Lindemann sick sacht wunnert harr.

Bi disse Küll moken se keen Statschon up de Bullerbarg. Hüt weer't de Ielsee, de se antruck. Lorenz Andresen, Peter Nissen un Jörn Schmidt weern de ersten, de noh de See heröver leepen. Dat Ies weer speegelblank. Weer de Frag, up't droog. Dat Wärder weer erst vör twee Daag umslahn to Frost.

– »Nu man to«, reep Jörn Schmidt, as se an de Kant stunnen.

– »Bangbüxen sünd I wull nich. Nu ward erstmol glittscht un sei lapen. Wöht sehn, up wi dat Ies mör kriegen köht – un wer toerst inbrickt«.

De Buernjungs, de korte Schächtern an harrn un deelwies ok Füer up en ole, afknapperte Piep kregen harrn, keemen sick bannig krötig vör gegenöver de Deerns. Weern blot dree Deerns, de sick up't Ies heruttruten un sick mit glittschen hulpen. Kunnen sick nich denken, so as de Jungs, ünnerhakt över dat Ies to stampen, dat' knacke un Spräcken sloog un bi't Sei-Loopen toletzt up un dol güng. Meis so, as wenn up de Flensburger För Seegang weer.

De meisten Deerns harrn't vörtrucken, langs de hartfrorne Kirchenwech wiedertogahn. Se truten sick nich up't Ies un harrn vun to Hus wull ok de Klockslag mitkregen. De Buernjungs segen dat anners: Se leeten sick Tied up't Ies. To Hus sulln se blot helpen bi't Futtern un Köhmissen, un dat leep för se nich wech. Fiete Schmidt, de tweetöllste Söhn vun de Gemeendevörsteher Hinrich Schmidt, harr sick de Deerns anslaten. Fiete harr hüt en nüe Jopp an. He harr in letzte Tied dree Mol bi Stiene Snieder anprobeert. Awer nu passe de Jopp ok, un schön warm weer de ok. Weer grad to rechte Tied ferdig worn.

Fiete weer anners as de övrigen Jungs. He richte sick noh de Klockslag, de he vun to Hus mitkregen harr. Ho hole ok nix vun en afknapperte Piep un kunn sick nich denken, heemlich bi Vadders Tobaksdoos to gahn. Kunn em ok nich infalln, so as Jörn Schmidt dat körtlich mokt harr, in de Konfirmandenstuv Arfen up de Däl to streun. Harr jo spoßig utsehn, as Paster Lindemann herumrutsche. Awer Sünd weer't liekers, denn he weer veel to good för disse slechte Welt. Geev Konfirmanden, de fröhmorgens, up'n Henwech, noh de Ielsee rövergüngen un tosegen, dat se mit natte Föt in Handewitt ankeemen. Se spekuleerten dorup, dat Lindemann se noh Hus schicke, dormit se sick nich verköhlten. Fiete krakeele nich herum, so as veele Jungs, un vun to Hus weer he dorto ertrucken, sien Plicht to doon. In de School un bi de Preester passe he sien Kram. He bruke sick ok nich achter sien Vördermann to verkrupen, wenn de Preester sien »Lämmer« afhörn wull. So as hüt, hole Fiete dat ok för sien Plicht, obends in de Kohstall to helpen. Sunst mussen Daniel, de in de Stadt up de hoche School güng, un Jörn – de Kohknecht – de Arbeit alleen moken. Mudder un Trine, de Buterdeern, harrn nuch mit de Husholt, mit' Fedderveh un mit' Melken to doon. Vadder, de siet 16 Johr Gemeendevörsteher weer, bleev nich veel Tied för de Buernbedriev. He kunn blot af un to noh'n Rechten sehn. De Gemeendesakens moken em veel Koppterbräken. Klook snakken, dat kunnen veele in't Dörp. Dat kunnen ok sien Mackers, de sick in de Gemeenderat harrn wählen laten. Awer de Laden smieten, dat musse Vadder. Dorbi weer in disse Johre in't Dörp mehr passeert as in de 200 Johr vörher. In de Fördestadt weern veele Fabriken dorto kam, un up de Werft worn ümmer mehr Schippe but – un ümmer mehr Lüd brukt. Ut de Dörper keemen se togereist, awer se wulln nich in de Stadt wahnen. So weer't up'n Rest de Nohver, de Buplätze hergeven, för Straten un Schoolen sorgen un to de nüe Bahnhoff 10.000 Mark toschöten musse. Kunn man sick dorup verlaten, dat' so wiedergahn wör mit de Schippswerft un de veelen Fabriken? De Buern segen dat dütlich kam, dat de Gemeende up'n Wech noh't Armenhus weer, un de Plan güng dorup ut, dat Arbeiterdörp an de Stadtgrenz noh de Stadt aftoschuven. De Stadt harr se dat inbrockt, un se sulln tosehn, dat se sülm dormit torecht keemen.

As Fiete to Hus ankeem, weer't al düster worn. De Daag weern kort in de Wintertied. Up de Nohverhoff höre he dat Klappern vun de Döschplegeln. In de Kohstall vun de »Linnenhoff« brennten twee Stall-Lüchters. Dör de lütten Fenster seeg Fiete, dat Daniel un de Kohknecht anfungen weern. He musse man fix dat ole Tüch antrecken un mit anfaten, ok wenn he nich so good dormit umgahn kunn as sien Broder. Daniel weer mit Liev un Seel Buer, un he sull enes Daags ok de Hoff övernehm. Fiete hole mehr dorvun, sick in Böker to verdeepen, un he lese ok gern in de Bibel.

In de dägliche Stuv brenne de Petroleumslamp. Vun buten seeg Fiete, dat Vadder an de ekene Schrievdisch seet un grad de Fedder in de Dintenpott düppe. He schreev sacht an't Protokoll. Gestern weern de Gemeendevertreters in de Krog tosamkam. Vadder weer kort noh Middernacht noh Hus kam. Geev awer Buern, de bit an' hellen Morgen bi de Punschen utholen harrn.

Wenn Hinrich Schmidt, so as disse Obend, an sien ekene Schrievdisch seet, spekuleere he över de Verännerungen noh. Mit de veelen Mietshüser an de Stadtgrenz weer wat Nües dorto kam. De meisten Bewahner harrn ehrn Arbeitsplatz up de Schippswerft ünnen an'Haben. Körtlich weern Hinrich un Tilla, sien Fru, mit de Kastenfedderwaag dör de Nüstadt kam. Up de Werft weer grad Fierobend wesen, un se harrn mitkregen, worveel Lüd de Werftport utspütte. Harrn swatt, möh un afrackert utsehn. Veele harrn sick sacht wat anneres dorvun verspraken, as se ehr Heimatdörp verleeten. Weer to verstahn, dat se nich gern up düstere Achterhöfe in de Stadt wahnen wulln un noh se herup kam weern. Toerst weern veele Mieters in Wahnungen

1914: Landstörmer an de ole Königsau-Grenz. Vör't an de Front güng.

intrucken, de noch nich drög weern, un menni een harr Reuma kregen. Nu harrn se toveel Wahnungen. Hier un dor hung en Plakat in't Fenster: Wohnung gratis zu vermieten«. De erste Mieter kunn een Johr umsunst wahnen. He sull de Wahnung »drög wahnen«, as dat heete. Wer de Miete spore un dorför Reuma kreeg, betole liekers en goode Pries.

För Hinrich wor dat disse Obend wedder spät. As he dat Protokoll ferdig harr, klappe he de Deckel vun de Dintenpott to un lägge dat Book in de Schuvlaad'. He stunn langsam up un keek nohdenklich noh de ole »Bornholmer« heröver, de he vun sien Ollern övernahm harr. Intwischen weer't kort vör Middernacht, denn he harr sick mangdör ok noch um ielige Saakens kümmern mußt. Tilla sleep al lang, un de dree Jungs, Daniel, Fiete un Jeß, keemen in disse düstere Tied ok fröh in de Puch. Sulln de anner Morgen rechttiedig wedder in Gang.

Mit dree grote Daag güng de Konfirmandentied to Ostern to End: Dat Hauptexamen, wor ok de Konfirmanden »bestunnen«, de sick ümmer achter de Vördermann verkrapen harrn, de egentlige Konfirmatschonsdag un dat Obendmahl. An disse dree Daag weer in Handewitt en dulle Bedriev. Up de Marktplatz hole Waag bi Waag. Nich blot de Buernjungs, ok de Konfirmanden ut'Arbeiterdörp keemen mit Buernfohrwark. De Konfirmanden segen an disse Daag richtige »erwussen« ut: De Deerns in lange swatte Kleeder un de Jungs mit grote Slapphoot un swatte Antog. Up'n Rest weer't noch wunnerlich togahn: Paster Lindemann moke dat Hauptexamen. Bald dorup passeere dat Mallör. En Preester harr ok Köh un Swien, de paßt warn sulln. As he up de Böhn to doon harr, brook he dör de Däl, störte dol in de Swienstall un brook sick en poor Rippen. Dorum worn Fiete un sien Mackers vun Paster Matthiesen konfirmeert. Dat Obendmahl kregen se vun Probst Niese. So güng dat to, dat in de Dörper rundherum noher dorvun snackt wor, dat de Jungs un Deerns ditmol »dree Mol konfirmeert worn weern«.

Ok wenn Fiete ümmer good harr lehrn kunnt, weer he nich – so as Daniel – noh de Stadtschool kam. He harr nich sun goode Kalluhn as Daniel, un Mudder harr dormols meent, de wiede Wech to Stadt weer to swor för em. In de Dörpsschool harr Fiete sick awer good klort. En poor Mol harr he vun Lehrer Diercks sogor en Bookprämie kregen. Fiete weer ümmer en deepsinnige, nohdenkliche Jung wesen, un he harr sacht Schoolmeister oder gor Preester warn kunnt. En Buernjung, de vun de Dörpsschool keem, bleev am besten bi de Ploog, un Hinrich schicke em erstmol noh Dänemark. Ehr Heimat harr ümmer to Dänemark hört, se harrn up de Hoff ümmer dänisch spraken, un se weern erst 1864, as Hinrich al teihn Johr weer, ünner Preußen kam.

Dat hole Fiete nich lang in de Fremd. He lenge noh to Hus, un't full em swor, sick antoslutten. So moke he denn sien Arbeit up de »Linnenhoff«: Plöge, seie, hulp bi de Ernte un passe dat Veh in de Wintertied. In de Obendstunnen verdeepe he sick am lewsten in Böker, un he deele mit Vadder de Meenung, dat' keen betere Book geev, as de Bibel. Wat dorin stunn, dreep noch ümmer to, ok wenn en poor dusend Johr vergahn weern.

An' 1. August 1914 keem de Weltkrieg. Vör de militärische Tosnitt weer lang sorgt worn in' Kriegervereen, bi de Füerwehr un in'Ringriedervereen, wor en »Kommandör« an de Spitz stunn. Dütschland weer grot worn ünner de ieserne Kanzler un wull noch grötter warn. Wenn Festreden holt worn in'Kriegervereen, weer't bannig patriotisch togahn. In de School harr de Schoolmeister sogor dormit prahlt, dat »Krupps Kanonen de Franzosen un Dänen dat wull wiesen sulln«.

Nu weer't sowiet. Obends, as de Sonn bloodrod achter de ole Heerwech dolgüng, lüden ünnen in de Stadt de Kirchenglocken, un dat bedüe Krieg un Mobilmokung. As de ersten Soldatentransporte ut de Flensburger Bahnhoff rullten, stunn mit Kriet up de Waggons: – »Auf zum Witwenball nach Paris ...«

Mit veele annere Buernsöhns un Arbeiters ut Dörp an de Stadtgrenz worn Daniel, de öllste Jung vun'»Linnenhoff«, un Carsten Schmidt vun de Nohverhoff to't Militär intrucken. Kunn nich lang duern, heete dat in'Kriegervereen, un se sproken al vun de Siegesparade in Paris. Dure nich lang, dor keemen Feldpostkorten vun de Front. Vörher keemen awer schon de ersten Dodesnohrichten. Hans Hansen, de Fru un en Reeg Kinner torüchleet, weer de erste. He weer in Belgien fulln. Denn güng dat mit disse Nohrichten Slag up Slag.

Jeß, Fiete's jüngere Broder, weer in de Murerlehr kam. Hinrich, Tilla un Fiete weern nu alleen up de Hoff. De Kriegstieden harrn't nich lichter mokt för en Gemeendevörsteher. Fiete passe dat Veh un de Feldarbeit so good as't güng. An de Front in'Westen harrn se sick ingraavt. Leegen in Schüttengraven un Unnerstänne deep ünner de Eer. Wor nich mehr spraken vun de »Witwenball in Paris«. An de Somme, vör Verdun, an de Marne verblötten ümmer mehr Lüd. Dat weer en slimme Dag, as de Dodesengel sick up de »Linnenhoff« infunn: Daniel weer in Frankrig fulln. Weer grusam, as de Bescheed keem. Carsten Schmidt vun de Nohverhoff, mit de Fiete de Schoolbank drückt harr un to Preester gahn weer, harr lang an de Ostfront leegen. As se de Russ in de Kneen harrn, weer he mit en Troppentransport noh de Westfront kam. Veer Mol weer he verwundet worn. Denn keem de Nohricht, dat he an' 21. März 1918 in Frankrig fulln weer.

Hinrich weer intwischen as Gemeendevörsteher upholen. He un Tilla kunnen Daniel's Dod nich verwinnen, un nu – wor Fiete alleen stunn mit de Arbeit – wor he ok up de »Linnenhoff« brukt. Noh de Krieg keem an' 14. März 1920 de Afstimmung. In't Dörp geev dat noch ümmer veel Inwahners, de sick dör Afstammung un Spraak mit Dänemark verbunnen föhlten. Se wulln torüch noh'n Norden. Hinrich güng vun Dör to Dör un sprook för en

Saak, de em an't Hart leeg. Wenn he güng, pleege he to säggen: »Mok dat Krüz de richtige Sted«. Dat güng de annere Wech, awer de Grenz harrn se meis vör de Dör. Up de »Linnenhoff« bleven se wat se weern: Se sproken dänisch un föhlten sick över de Grenz mit ehr Land verbunnen.

Güng noher vun Johr to Johr ümmer wieder bargdol. 1933 keemen de brunen Machthabers an't Roor, un dormit weern se up de Wech noh de neegste Krieg. In't Buerndörp vertuschen de Ringrieders de witten Büx un de blaue Jack mit de SA-Uniform. Se hörten nu to de SA-Riedersturm un moken alles mit. In de Buernschool up de »Barghoff« dreev man Wehrsport un Raßpolitik, un wenn de Buernjungs obends in Düstern dör't Dörp marscheerten, sungen se:

– »Wir werden weiter marschieren,
wenn alles in Scherben fällt,
denn heute gehört uns Deutschland
und morgen die ganze Welt...«

Dat weer en Welt, in de se sick up de »Linnenhoff« nich utkennten. Denn dreep Hinrich un Fiete en nüe Slag: Tilla storv, un nu stunnen de beiden alleen mit de Hoff. Fiete harr keen Lewenskamerod funnen, un dat moke de Saak nich lichter. He probeere dat en poor Mol mit en Hushollersch, awer de weern utspekuleert un dachen blot an Geld un en warme Nest, wor se ünnerkrupen kunnen.

Jedereen in't Dörp wußte, dat se up de »Linnenhoff« ümmer dän'sch wesen weern, un dat se dän'sch sproken. So weer dat wesen lang vör dat Land to Preußen keem. 26 Johr harr Hinrich sick meis upsläten as Gemeendevörsteher för sien Heimatdörp, awer nu weer en dän'sche Buer en Dorn in't Fleesch. Nu wull man se Knüppeln mang de Been smieten wor't güng. Fiete wor enes Daags vörladen. Wor em vörholen, dat he sick ümmer as Däne utgeev. Nu sull he sien Paß vörwiesen. »Up he nich lesen kunn«, froge de Ortsgruppenleiter. Dor stunn klor un dütlich »deutscher Staatsbürger«. Se dreven Haan mit em. »Rassengesetze, Blut-und Boden-Politik« un en Arvhoff, worum dat nu güng, verdroog sick noh de brunen Machthabers Meenung nich mit en Buer, de dän'sch weer, sick nich för't »dritte Reich« insätte un nichmol in de SA-Riedersturm mitmoke.

Hinrich weer intwischen över achtig, un Fiete harr de Hoff övernahm. En »Arvhoff« dorv he awer blot bedrieven, wenn de Behörde em beschienige, dat he de Hoff vörstahn kunn. Buernföhrers weern »linientreu«, un nu harrn se em in de Hand. Dat wor Fiete Schmidt verbaden, de egene Familienhoff, de se in Generatschons bedreven harrn, wor he siet Johrteihnte plögt harr, wiedertoföhren. Dat weer dat Dodesurdeel för de »Linnenhoff« – un för Fiete.

Hinrich un Fiete worn 1938 twungen, de »Linnenhoff« to verkoopen. Dat Land wor to de Nohverhoff slahn. De enzige Trost weer, dat se up de Hoff wahnen blieven kunnen. To de Koopsumm un dat Wahnrecht kunnen se sick nu bi de Nohver Melk un Eier halen.

Fiete weer erst 45. Wat sull he mit sien Tied anfangen? Wenn he achter de Fensterschieben seet un up de Koppeln herutkeek, wor he fröer plögt, eggt un seit harr, keem he sick mennigmol överflödig vör. He un sien Vadder verstunnen ok de Welt nich mehr, en Welt, wor alles in Uniform leep un mit lange Stäveln dör't Dörp trampe, wor de Övermood – so as 1914 – keen Grenzen kenne. Ok wenn nu en nüe »Religion« predigt wor, hole he fast an sien Gloov. In sien swatte Mantel mit Samtkrag, mit Hoot un silverbeslahne Handstock güng he sünndags to Kirch un söche en Utwech ut sien Verlatenheit. De »nüe Gloov« harr ok nich Holt mokt vör de Kirchendör. Se harrn nu en Paster kregen, de mit lange Stäveln un in brune SA-Uniform dör't Dörp leep. Körtlich harr Fiete sick vertälln laten, dat' Kirchen geev, wor se dat »Föhrerbild« up de Kanzel stellt harrn.

Dat keem, as't kam musse. 1938, dat Johr, as se de »Linnenhoff« verkoopen mussen, weern se in Osterrig un in't Sudetenland inmarscheert, in' März 1939 in Böhmen, Mähren un in't Memelland. An' 1. September 1939 wor Polen överfulln, un dormit weer de tweete Weltkrieg utbraken. Wedderhale sick, wat se fröer erlewt harrn: De Dodesengel güng vun Hus to Hus. De Rull harr en Schoolmeister övernahm, de in lange Stäveln un geele Amtswalteruniform dör't Dörp leep. He bröche de Dodesnohrichten, un de Lüd grue, wenn he an de Dör kloppe. »Für

Volk und Führer gefallen«, stunn denn in de Zeitung mit vörschrevne Text. Junge, blöhende Menschen, de't Lewen vör sick harrn, storven an de Fronten, in Polen, Russland, up de Balkan, in Nordafrika's Wüsten, in Frankriek un Italien, güngen ünner up See. Dusende verbrennten, worn begraben, as de tosambombten Städte storven, as Füer vun'Himmel full.

Hinrich weer intwischen hoch in de achtig. He weer veel krank, un an' 24. März 1941 güng't mit em to End. Nu stunn Fiete alleen in de Welt. Twee Johr noh Vadder's Dod verköffe Fiete's Nohver de Gebüden vun de »Linnenhoff« – Wahnhus, Stallen un ok de Appelgorn – an en Flensburger. De Köber söche för sick un sien Familie Toflucht up't Land. Dat weer in de letzte Tied ümmer duller worn mit de Fleegerangrep. In' Mai 1943 weer Flensburg von söß tig Bombers angrepen worn, un de Stadt harr an alle Kanten brennt. Sietdem trucken veele Menschen obends ut de Stadt herut. Se keemen mit Autos, Kinnerwaagen, Blockwaagen un up Fohrräder un lagerten nachts in't Frie up en Feldwech. Up de »Linnenhoff« har disse Flensburger nu en goode Utwiek funnen, un in de Gorn kunn he sick sien Gröntüch anbun.

Fiete harr sien Wahnrecht, un so kunn he up de Hoff blieven. Sietdem he alleen weer, leeg de Ensamkeit as en swore Last up em. Wat in disse Kriegsjohre passeere, weer so gruenvull, dat he sick in de Vörtied flüchte. Wenn he mol in't Dörp anspraken wor, vertälle he gern vun Vadder, de över twintig Johr Gemeendevörsteher weer. Obends seet he denn alleen an de ekene Schrievdisch, un mennigmol weer't em, as wenn Hinrich noch an sien Siet seet. He harr em över veele ensame Stunnen henwech hulpen. Wat kunn Vadder nich al vertälln:

As dat an' 9. April 1848 to de Slacht bi Bau keem, harr en Afdeelung dän'sche Dragoners in de Nohvergorn to Peerds holen. Dat weer up Calle Petersen's Hoff. Rund um de Appelgorn weern dormols hoche Dorntuhns un dormang dree Lauben, wor in'Sommer öft Kaffee drunken wor. In de Neegde weern noch Sleswig-Holsteener wesen, de up'n Rüchtog weern. Upmol weer up de Dragoners schaten worn. Dorup harrn se ehr Peer de Sporen geven un weern in wille Galopp dör de Lauben sätt. Veele Büsche weern afbraken. Calle Petersen harr noher en poor Mol versöcht, nüe Büsche antoplanten, awer se weern ümmer wedder utgahn. As de Slacht in Gang weer, harrn de Dörpslüd sick nich herutwagen kunnt. Wor schaten vun alle Sieden, un en poor Steden weern de Kugeln dör de Fensterschieben gahn. Dat dullste weer in'Dörpskrog passeert, de vun en Kanonenkugel drapen wor. De Krögerfru harr grad in't Wochenbett legen, awer ehr un dat Kind weer nix passeert.

Up Jakob Iversen's Hoff in Musbek weer an disse Dag en Sleswig-Holsteener herinkam un harr sick en Glas Woter geven laten. As se in de Kök stunnen un ut'Fenster keeken, weer en dän'sche Soldat an't Hus vörbilaapen. Dor harr de Sleswig-Holsteener noh sien Gewehr grepen, de an de Wand stunn, weer herutsprungen un harr de Soldat dodschaten. Denn harr he sien Gewehr wechsmäten un weer wiederflüchtet. Weer en Truerspeel wesen noh de Slacht. Dor harrn de Buern vörspannen mußt. Se harrn de fullnen un verwundeten Soldaten tosam sammelt, up de Kastenwaagens uplad' un noh de Stadt hendolfohrt.

1864 weern de Preußen un Osterreicher kam, un 1870 weer't wedder Krieg worn.

Jo, Hinrich kunn biblieven to vertälln:

1892, dat Johr as Fiete to Welt keem, weer dat halve Dörp afbrennt. Se weern bi't Rogginfohren wesen, as dat Füer bi de Grote Iver utbrook. Över dörtig Familien harrn disse Obend keen Dack övern Kopp hat. Dat Johr vörher weer Hinrich Gemeendevörsteher worn, un he harr veel um de Ohren kregen.

As de Krieg 1945 endlich to End güng, wahne Fiete noch ümmer up de fröere »Linnenhoff«. De Tied harr tährt an de olen Gebüden. De Dack sull nü deckt warn, Fenster un Dören bruken Farv. Dat Muerwark weer grau un schetterig. Wenn de nüe Besidder dat ok ännern wull, so kunn he keen Material updrieven. Geev keen Farv, keen Nagel un keen Brett. Fiete föhle sick ensam un verlaten, un sien Gesicht harr öft en verpiente Utdruck. As de Fronten tosambroken, harr sick en Strom vun Flüchtlinge in't Land ergaten. Dat weern Menschen, de alles verloren harrn, de frerend un hungrig up de Straten stunnen. Dat weern Fruen un Kinner, de weenten un tomeist öllere Mannslüd, de ok keen Rat wußten. Nu weern de Wahnungen vullstoppt mit Flüchtlinge, un up de »Linnenhoff« güng dat nich anners. Fiete weer ümmer wieder torüchdrängt worn, un nu harr he blot de dägliche Wahnstuv, wor Vadder fröer an de ekene Schrievdisch sien Protokolle schreev un över de Gemeendesaakens nohspekuleere. Mit en Deel Möbel harr Fiete de nüen Husbewahner uthulpen. Vun veeles kunn he sick nich trennen. Jede Stück harr en egene Geschichte, weer en Stück vun sien Lewen. Mitten in de Stuv stunn Vadders ekene Schrievdisch. Dor harr he öft halve Nächte säten un sick de Kopp doröver terbraken, wat he för sien Heimatdörp doon kunn. An de Siet stunnen noch de ekenen Betten, de Hinrich un Tilla hört harrn un ok de ole »Bornholmer«. De dumpe Slag moke em klor, dat de Tied nich uptoholen weer. In de Eck, mang veele Möbel, harr de smucke Mahagoni-Schatoll en Platz funnen. Över de swore, ekene Disch hung de Lamp, de sien Öllern hört harr. De veelen Familienbiller an de Wänne moken em klor, wor ensam un verlaten he weer.

Grad so as Vadder, verdeepe Fiete sick öft in de hillige Schrift. Geev em Trost in sien Ensamkeit. An de langen, düsteren Obende seet he stunnenlang an de grote Eekendisch un verdeepe sick in ole Böker, un Dokumente. Weer stövig rundherum. De Gardinen weern geel worn, an de Deck – mang de Balken – hung Spinnwev, un an de Sieden weern de Möbel övereenanner stapelt. Menni mol dache Fiete an sien Kinnertied, as he mit Lorenz Andresen un Carsten Schmidt noh Handewitt to Preester güng.

Vadder harr nich veel Tied över hat för Fiete un sien beiden Bröders. 26 Johr weer he Gemeendevörsteher, un up'n »Linnenhoff« musse he ok noh'n Rechten sehn. Fiete harr versöcht, good dör't Lewen to kam. He harr fastholen an de olen Traditschons: Sien Familie, de Hoff un sien Gloov. Dorto höre ok, dat he sick, so as sien Vörfohren, noh Dänemark hentrucken föhle. Dorum weer de »Linnenhoff« verloren gahn, dorum weer he en Buer ohne Land. Hüt weer de Hoff grau un schetterig, awer he seeg dat noch vör sick, so as dat in sien Kinnertied weer: De Stallen vull vun Veh, de Gebüden in de Reeg, achter de Hus de Appelgorn. Up de Toft föhre en smalle Footstieg dör't mannshoche Korn. In de Sommertied stunnen de Linnen in vulle Blöht, över't Feld schrie de Kiewiet un de Lerken stunnen hoch baben in't Blaue. Weer alles vörbi, awer dat Schicksal leet sick nich twingen.

Siet de Slacht vun Bau, vun de Vadder so veel vertällt harr, weern wedder veer Kriege wesen. Överall in Europa stunnen dusende Krüze up de Gräber vun Menschen, de man twungen harr, de Wech noh Golgatha to gahn. Fiete droog ok sien »Krüz« un he droog dat still, ensam – un menni mol mit Vertwieflung.

Wenn de Düsterkeit över de Koppeln herinbrook, kunn Fiete stunnenlang an't Fenster sitten un herutkieken. He dache veel an sien Öllern, an de »Linnenhoff« un de Kinnertied. Funn he torüch in de ruche Wirklichkeit, breeten sick in sien Seel düstere Schatten. En poor Johr noh de Krieg – 1948 – dreep em en nüe Slag: De »Währungsreform« wor dörföhrt. Bedüe, dat Fiete sien Bankböker mit de Rest vun de Koopsumm in'Papierkorv smieten kunn. Güng em up, dat he arm weer, meis so arm, as de Lüd, de se fröer noh't Armenhus in Ellund schickt harrn. De enkelte Stuv up de »Linnenhoff«, wor he insparrt seet, dat weer alles, wat em bleven weer vun de grote Familienhoff, wor sien Grotöllern, sien Öllern, he sülm över de Koppeln gahn weern. Rundherum höre he de Larm vun de veelen Flüchtlingsfamilien. Ok för se weer veeles tosambraken, awer se weern nich alleen. Fiete weer en Buer ohne Land. ohne Heimat, ohne Geld, en Mensch, de up Hülp anwiest weer. Wat hole em noch an't Lewen? Sien Öllern weern dod, Daniel weer fulln, de »Linnenhoff« verloren.

As't Winter wor, as giftige Nevel över't Feld truck un alles koolt un triest utseeg, föhre Fiete öftmol en vertwiefelte Kamp gegen de Düsterkeit, de in sien Seel ümmer grötter wor, ümmer mehr Macht över em kreg. Awer dat heet jo »Winterstürme wichen dem Wonnemond«. Dat wor wedder Fröhjohr. De Menschheit atme up. Awer för Fiete harr de Düsterkeit wull to lang duert. De Ensamkeit, de Vertwieflung, de Angst, up Almosen anwiest to sien, bleev. In't Dörp snacken se dorvun, dat Fiete menschenschu weer. He truck sick torüch, so as en Schneck in't Schneckenhus. He wull keen Hülp. Verdrog sick nich mit sien Stolt. De Dörpslüd sull't recht sien. Se överleeten em gern sick sülm.

Dat weer een vun de ersten Daag in' Mai 1954. Grad as sick dat erste Maiengrön in de Marienholt wiese, as dat Lewen sick ernüere, seeg dat för Fiete unheemlich düster ut. De Schatten in sien Seel wussen, de Düsterkeit kreg ümmer mehr Macht över em. Ümmer wedder froge he sick, worum dat mit de »Linnenhoff« disse Wech gahn weer, ümmer wedder terbrook he sick de Kopp över sien Tokunft. Geev Buern in't Dörp, de't upgahn weer, wor slecht dat um em stunn. Se harrn em nu anbaden, he kunn de Reeg rum bi se to Middagäten kam. Sull he – Fiete Schmidt vun de »Linnenhoff« – so as de Dörpshirt um 1800 oder so as de Nachtwächter un Feldhöder Jonas Jörgensen, vun de Vadder öft vertällt harr, vun Hoff to Hoff gahn un um Middagäten beden? Dat kunn he nich erdrägen.

Siet se in Handewitt to Preester güngen, harr Fiete an sien Gloov fastholen. Ok in de letzte Tied harr he noch jede Sünndagmorgen sien swatte Antog antrucken. Denn güng he in deepe Gedanken un mit verpiente Gesicht to Kirch. Dreep he ünnerwegs Dörpslüd, gröte he fründlich un sprook blot vun Wind un Wärder. He droog sien Krüz alleen ...

So as dat övlich weer, seet Fiete disse Obend, an' 6. Mai 1954, in sien Wahnstuv mit de geelen Gardinen un mang de stövigen Möbel. Lang de Deck leep dat brune, eekene Balkenwark. As de »Bornholmer« dump to slahn anfung, hoov he de Kopp. He weer bleek un föhle sick utbrennt un möh. Weer Spektakel rundherum in't Hus. Wor lacht, Musik mokt, schimpt. En lütt Kind weer an' Weenen, un en Mudder versöche to trösten. Wor ok Korten speelt, up de Disch haut, lutstark vertällt, worbi dat um Politik güng.

Fiete seet an Vadders ekene Schrievdisch. He harr sick verdeept in ole Böker, Breve, Dokumente, Afnahm – un Koopverdräge, de vun de »Linnenhoff« vertällten. Rundherum weer soveel Lewen, dat' em swor full, de Gedanken bisam to holen. Up de Nohverhoff hule en Hund.

Fiete fung wedder an, över de düstere Tokunft nohtospekuleeren. Wat sull warn? Geev dat en Utwech? De Sorgen türmten sick vör em up to en düstere, himmelhoche Barg. He weer dodmöh, föhle sick ensam, verlaten un verloren. De Schatten wussen in de Stuv un binnen in sien Seel. Dat güng up Middernacht to, un nu weer't rundherum still worn. Dor stunn Fiete langsam up vun Vadders Schrievdisch. De Last, de up em leeg, kunn he nich mehr drägen. De Herrgott wör em dat vergeven. He steeg vun de Stool up de Schrievdisch un knütte en starke Stück Tau an de brunen Balken ...

Se funnen em de annere Nohmiddag. En Nohver weer't upfulln, dat' bi Fiete so still weer. De Bibel leeg upslahn up de Schrievdisch. Weer en dicke Streek ünner Salm 23, 4:
– »Und ob ich schon wanderte im finstern Tal,
fürchte ich kein Unglück, denn du bist bei mir,
dein Stecken und Stab trösten mich«.

»Vergiftede« Birnen...

As ick noch in't ole Gymnasium an de Klostergang de Schoolbank drücke – weer kort noh'n ersten Weltkrieg – wor noch utwennig lehrt. Veeles häst' bit hüt beholen. Weer nich blot »Schillers Glocke« oder »Der Taucher«, de herholen mußten. Dor weer tom Bispeel dat Gedicht vun

»Herr vun Ribbek up Ribbek in'Havelland«, vun de säggt wor »ein Birnbaum in seinem Garten stand...«

Dormols muchen de Kinner noch Birn', un in Ribbek weer dat so:
»Keem in Klotzen en Jung dorher,
so reep he: Jung, wiß't en Beer?«
un weer't en Deern, so reep he:
»Lütt Deern, kumm man röver,
ick hev ne Birn...«

Um 1910 herum, as mien Grotöllern noch in uns' Hus wahnen, weer't ok noch so, as bi »Herrn Ribbek up Ribbek in'Havelland«. De Kinner muchen gern Birn'. Uns Grotvadder harr sick dat Hus an de Schosseh köff, wor de Harrisleer Buern mit ehr Fohrwarken vörbifohrten. Dat gefull em beter, as dröben in Musbek up de Afnahm to sitten. An de Schosseh passeere wat, un he kreeg ümmer glieks mit, wenn en Buer en nüe Spann Peer kregen harr. He seet öft in sien Sofaeck, smöke de Piep un keek herut up de Schosseh. Weern nich blot Fohrwarten de vörbi keemen. Man güng noch »to Foot«, un veele Footgängers weern ünnerwegs noh de Stadt. Awer ok Dörpskinner güngen vörbi. Mien Grotvadder harr vör Johre en Birnboom plant, un up'n Harwst leegen ümmer Birn' ünner de Boom. En Birn, dat weer dormols noch wat. Wenn de Kinner hungrig över de Heck keeken, schov Grotvadder de Gardin' to Siet, kloppe an de Fensterschiev un peeke mit de Finger noh de Birn'. Se leeten sich nich tweemol nödigen . . .

De Tieden hevt sick ännert: Körtlich gah ick in de Schummerstund ut' Hus. Twee Jungs frogen wohrhaftig um Verlöv, Birnen uptosammeln un verswinnen glieks in de Gorn. Ick denk bi mi: »Häst' betere Birn' in de Gornhus. Hal se en poor. As ick torüchkam, sünd se verswunnen. Nu stahn awer en poor snuttige Steppkes vun't Frietiedsheim an de Strat. Sünd nich mehr, as fief, söß Johr.

– »Wöht I en Beer?, frog ick, genau so, as »Herr vun Ribbek«.

Se kieken mi an, as möht se sick dat erst överläggen, awer ick war se los: Veer saftige Birn'. Ick gah wieder. Upmol löppt mi de eene lütte Kirl achternoh, plant' sick vör mi up un langt dree Birn' hen.

– »Na, frog ick«, wat is denn nu los? Mögd' I keen Birn'?

Dor süht he mi mit sien blaue Oogen grot an un meent:

– »Du kannst se jo vergiftet hem . . .«

So ännern sick de Tieden, denk ick bi mi. Appeln un Birn' mokt se sick nix ut. Verdarven sick lever de Tähn mit Södigkeiten.

Denn mellen sick awer ok annere Frogen. Sprickt dorut nich Mißtrun? Hand up't Hart: Sünd de Erwussenen nich up de Wech, dat Vertrun bi de jungen Generatschons to verspeelen?

Kannst up Vertrun reknen solang tolaten ward, dat de Luft, dat Woter, de Eer, de Lewensmiddel vergiftet warn?

Kannst up Vertrun reknen solang – noh en verdüvelte Krieg, noh Nagasaki un Horoshima – överall in de Welt Milliarden för't Wettrüsten utgeven un gliektiedig tolaten ward, dat Millionen verhungern?

Kannst up Vertrun reknen, solang de Plicht vergäten ward, disse gröne Planeet, de uns vun de Herrgott anvertrut wor, good to behanneln, dormit he heel an unse Kinner övergeven warn kann?

De Menschheit weer wull liekers klöker un gesunner, as »Herr vun Ribbek up Ribbek in'Havelland« – ohne Afslag to kriegenroopen kunn:
– »Lütt Deern, kumm man röver,
ick hev en Birn ...«,
un as mien Grotvadder noch in de Sofaeck an't Fenster seet un blot mit de Finger noh de Birn' peeken bruke, vör he dankbore Afnehmers funn ...

Krüseln ...

Fung an in't Worenhus, in de Speelworen-Afdeelung. Man mutt ok an de Enkeln denken, nich wohr?. Mann, o Mann, wat gifft dat hüt en Utwahl an Poppen, Teddybären, Hunnen un Katten, Lego-Buklötze, Molkastens un Kinnerböker. Awer ok Mondrakeeten un Panzerwaagens. Dat hät sick wat ännert gegen fröer. »Wer die Wahl, der die Qual«, heet dat, un dat dröppt ok hier in't Worenhus to. Kannst meis in't sleudern kam. Vun dat, wat fröer en Kinnerhart glücklich moke, is wull nich veel nohbleven.

Awer denn war ick upmol wat gewohr. Dor liggen mang hundert annere Saakens wohrhaftig richtige »Krüseln«, de an de egene Kinnertied erinnern. Siet Johrteihnte häst se nich mehr sehn. »Krüseln« – weeten de Kinner hüt, wat dat is? Twee Mark för en Krüsel. Twee kam mit noh Hus, dormit de beiden Enkelkinner, de grad up Besök sünd, dat Krüseln lehrn.

Süht nich dornoh ut, dat de Fabrikant sick vun »en ole Krüsler« hät beraden laten: De Stock un de Tau sünd so kort, dat' nich funkschoneert. Awer dorför is Rat: In'Gorn ward en Wiechel snäden un richtige Segeltau anknütt. Denn kann de Spoß losgahn. Toerst, to Proov, binnen up de Kökendäl. Tine un Maria, de beiden lütten Deerns, sünd Füer un Flamm. As't erst richtig utknobelt is – häst' jo meis sülm vergäten – brummt un snurrt de

bunte Krüsel, dat' en Staat is. Vergnögte Gesichter, blanke Kinneroogen, as se dat sülm probeeren:
– »Opa, kiek blot, ick kann krüseln«.

Un de Krüsel de brummt un snurrt. Grad so, as in de egene Kinnertied. Ick gloov, dat gifft Speele un Speeltüch, de blot dorup töven, wedder entdeckt to warn.

Krüseln? Jo, denk mol torüch, wi dat fröer weer. De Speele wesselten mit de Johrestied. Dor geev dat Hinkepott, Landklaun, Messerstick, Mallerspeelen, Slagball, Versteek, Holtjäger un Liegelie. Up de frien, grönen Koppeln, de't fröer bi uns noch geev, leet man sien Drachen stiegen, un up de Strat wor krüselt. De Strat, de to beide Sieden Dornknicks harr un wor af un to blot en Fohrwark oder en Radfohrer lang keem, höre uns Kinner. De Strat, de Koppeln un de Holt weern beter, as de hütigen Speelplätze, de meistens noh't glieke Modell sünd. Lieker langwielig: Sandkastens, wor't Sand nich utwesselt ward, wor't Würmer un Hunnenschiet gifft, en Schaukel, en Rutsch un wenn't hoch kümmt en Holtpeerd. Dat weer fröer beter un billiger. Dat Krüseln speele en grote Roll. Ok wenn wi in' ersten Weltkrieg öft blot Papiertau updrieven kunnen, wor krüselt. Wer de Bagen rut harr, kunn sien Krüsel bannig lang snurren laten. Güng up de Strat vör sick, un de harr dormols noch keen Asfaltdäk.

Mit en Krüsel weer't meis as mit en Mensch: Noh't Utsehn kunnst nich dorup slutten, up de Brummkrüsel wat döche. Öft harrn de Kinner en afknabberte ole Invalid, de keen Farv mehr harr. Awer brummen däh he, dreihe sick un danze lang de Strat, un wenn he richtig een mit de Pietsch kreg, flog he gor en Stück dör de Luft – un danze liekers wieder.

Wat en Krüsel is, weeten de Kinner nich mehr. Awer Krüseln mokt noch ümmer Spoß. Ick gloov, unse beiden Lütten hefft sogor vun ehr Krüsel drömt. Fröhmorgens, in Nachttüch, fungen se wedder an, up de Kökendäl to krüseln. Kunnen nich aftöven, bit se noh de Hoffplatz hendol keemen. Up de Strat geiht jo nich mehr, un dor helpt ok de Asfaltdäk nich.

As se mit Mudder noh Hus reisten, keemen de Krüseln mit noh't Norden, mit över de Grenz. Nu sulln se ehr Fründinnen mol wiesen, dat se krüseln kunnen. Weer ganz wat anneres, as Ballspeelen, Hinkepott oder Schaukeln.

De Nachtwächter un de Brand in' Schäperhus-Krog

Up Vörslag vun de Öllermann Jes Lorenzen Lorck un Börgermeister Hans Clausen in Flensburg wor 1722 beslaten, up St. Marien – Stadtfeld en Schäperi antoläggen, de noher in »Schäperhus« benömt wor. De Schäperi lewere an't Armenhus de Wull, de vun »de Armen« verarbeit' wor. De Reknung güng noher nich up. Wiese sick, dat se dor buten to wenig Woter harrn för en gröttere Antall Schaap. Klooke Lüd – de geev dat ok dormols – hefft sick denn säggt, dat nich soveel Woter nödig weer, um de Dörst mit Punschen to löschen. So wor noh twölf Johr – 1734 – ut de Schäperi de »Schäperhus-Krog«.

De Krog leeg an de richtige Sted: An de Ossenwech, wor de Vehdrifften up de Wech vun Jütland noh't Süden vörbi keemen. De ersten Johrteihnten hät' sacht för de Krog nich so good utsehn, weil de Rinderpest utbraken weer. Noh 1782 wor wedder Lewen up de Ossenwech, un en Kröger kunn sacht sien dusend Dolers in't Johr verdeenen. Is in disse Tieden wat los wesen in de Schäperhus-Krog, wenn över tweedusend Ossen sick dör en Stoffwulk schon vun wieden bemarkbor moken: Veertig bit föftig Drievers un de Hannelslüd sulln verplegt warn un Proviant för de annere Dag mit hem, de Ossen sulln Futter hem. Obends wor wat gegen de Dörst dahn, un de Drievers sleepen up de Böhn. Solang de Ossen vörbidreven worn, weer de Schäperhus-Krog för de Krögers en Goldgruv. Wor slechter, as de Bahn de Ossentransport övernehm.

Um 1900 herum wor de Schäperhus-Krog vun de Kröger Salamonski bedreven. He harr en smucke Fru mit en stolte Vörtied: Se weer in ehr junge Johren Dressur-Riederin wesen un mit en Zirkus dör de Welt reist. Dat leeg intwischen wiet torüch, un de »Zirkus-Prinzessin« un de ole Heidekrog tährten beide blot noch vun de Erinnerung. De fetten Johre weern vun magere Johre aflöst worn. Um dat Maat vull to moken, harr't nu in de Krog ok noch en poor Mol brennt, un't geev Lüd, de dorin en Tosamhang mit de slechten Tieden sehn wulln. Wenn't westlich vun't Nohverdörp brenne, wußten de Füerwehrlüd, dat' blot in de Schäperhus-Krog sien kunn.

Dat weer Utgang Februar 1904. Kort noh Wiehnachten harr't Frost geven, un de Buern weern anfungen, Ies to slahn un noh de Brueri to fohrn. De Nachtwächter Jonas Jürgensen moke disse Nacht sien övliche Rundtur dör de Gemeen. As he dör de Osterstrat keem, weern grade twee Stunnen vergahn. De Tied wor em öft lang, un denn fung he an to spekuleeren:

Wenn't um't Geld güng, weern de Buern bannig kniepig. Negen Mark in de Woch un en Johres – Deputat vun 6000 Torf passen nich tosam mit de veelen Funkschons, de se em uphalst harrn: He weer Nachtwächter, Stratenarbeiter, Gemeendedeener un sull in de Sommertied ock noch up de Koppeln uppassen. Weil se Porto sporen wulln, bröche he ok de Breeve ut, un't keem vör, dat he mit een Breev 10 Kilometer loopen mußte. In sien »Kontrakt« stunn, dat he to Wiehnachten »um en lütte Geschenk beden dorv«. Dormit weer nich säggt, dat he't ok kreeg. Am meisten verdroot Jonas Jürgensen, dat de Gemeenderat nu en »Kontroll-Klock« anschafft harr, de in de Sprüttenhus stunn. Jedes Mol wenn he dor vörbi keem, sull he nu de genaue Tied instelln, dormit se kontrolleren kunnen, dat he ok ünnerwegs weer. Dat weer wiet kam in't Dörp, wenn man nichmol de Nachtwächter true, vun de Lewen un Gesundheit afhung. Harrn se dat nich erst 1892 belewt, as de grote Brand utbrook un 21 Familien keen Dack över'n Kopp harrn? Dormols geev dat blot Strohdackhüser, un se harrn en oldmodsche Sprütt. Dat weer Gott sei Dank anners worn.

In de Osterstrat weern in de Johre noh dat grote Füer en Deel Hüser but worn. Ut de Stadt un vun de Nohverdörper weern Lüd totrucken. Geev nich blot Buern, Daglöhners, Knechten un Deenstdeerns: Dor weer de Slachter Fiete Klöhnhamer, de meis so stark weer, as Smidt Lüders, dor weer de ole Wewer Nikolaj Clausen un sien Söhn, de dat glieke Handwark utöve, de Proppen-Snieder Drögemöller, de Schohmoker Johann Tycksen un Kröschan Snieder. Passeere ümmer wat Nües in't Dörp, un jeder seeg dat dör sien Brill: Madam Jonas un Madam Andresen weern sick dorin enig, dat' reinwech en Skandol weer, wat sick körtlich mit Kröschan Snieder todragen harr. De meisten Dörpslüd segen dat anners. Harrn sick bannig högt, wenn't up de Kaffeevisitten tom besten geven wor. Dat weer so: Wenn de ingefleeschte Junggesell Kröschan Snieder, de umbi veertig weer, up »Heiraten« anspraken wor, harr he dat ümmer wiet wechsmäten. He sä rein herut, dat he för't swache Geslecht nich veel över harr, un dat de Fruenslüd em koolt leeten. In de Bibel stunn jo ok nohtolesen, meen he, dat Eva an de »Verdrievung ut'Paradies« schuld weer. He geev ehr sacht ok de Schuld dorför, dat he sien Lewen lang för de Buern Joppen un Büxen sniedern sull. Nu weer Kröschan Snieder awer dull to Markts kam. Dat leeg blot doran, dat de Dörpsjungens up em en Peek harrn. Se worn mennigmol noh de Snieder schickt, wenn wat to flicken un to neihn weer oder wenn se en Jopp oder en Büx anprobeeren sulln. Se harrn em nix recht moken kunnt. Keemen se in sien Warksted herin ohne antokloppen, schimpe he över de slechten Buernmaneeren. Kloppen se dat nächste Mol an de Dör, schreeg he:

– »Hol up mit de Klopperi! I kratzen de Lack vun mien Dör«.

Nu harrn de Jungs em dull mitspeelt. In Gedanken griene de Nachtwächter Jonas Jürgensen still vör sick hen:

Gegenöver vun Kröschan Snieder wahne de vörnehme Gouvernante Fräulein vun Bassewitz. De Dörpsjungens harrn spitz kregen, dat de Snieder, de ümmer vun Moral predige un vun't swache Geslecht nix weeten wull, obends in düstern bi de Gouvernante vun't Fenster herinklarre. Fräulein vun Bassewitz, de ok nich mehr ganz nü weer, geev sick nich weniger moralisch as de Snieder. De beiden Madams Jonas un Andresen harrn nich vergäten, dat de »Adelsdam« bi Kaffeevisitten öftmol säggt harr:

– »Die Mannsleute hat der Herr im Zorn erschaffen«.

Nu weer de Wohrheit an'Dag kam. Weer twee Wochen her, as de Jungs sick obends up de Luer läggt harrn. Een Stunn vör Middernacht, as alles still weer in't Dörp, harr Kröschan Snieder sick över de Strat sleeken un weer bi de Gouvernante vun't Fenster herinklarrt. Veer Jungs harrn sick mit en abne Hackelssack ünner de Fensterbank up de Luer läggt. Up de annere Siet vun't Hus harr eener vun se vör't Fenster lut schregen un en Mordsspektakel mokt. Weer so kam, as se sick dat utklamüsert

Hier wahne de Nachtwächter Jonas Jürgensen.

harrn: De Snieder weer up de glieke Wech de he kam weer ut'Fenster sprungen, direkt in de Hackelssack herin. He harr dull spaddelt, Kröschan Snieder, awer de Jungs harrn de Sack fast tobunnen un sick denn ut'n Stoff mokt. Keener kenne disse Geschicht beter, as de Nachtwächter Jonas Jürgensen. As he up sien Rundgang dör de Osterstrat keem, harr he wat ropen hört, un he harr de Snieder denn ut de Hackelssack heruthulpen. Weer wat kleenlut wesen, Kröschan Snieder. He harr meent:
– »Is am besten, wenn't ünner uns Mannslüd blifft«. He wör dat mit Jonas Jürgensen good moken, wenn he en nüe Jopp hem sull. Awer so güng dat ok nich. As »Amtsperson« harr en Nachtwächter de Plicht, de Amtsvörsteher to vertälln, wat vörfulln weer. Nu weer't herum in't Dörp, un alles griene över de moralische Snieder, de vun de »Verdrievung ut'Paradies« snackt harr – un över de vörnehme Gouvernante, de – noh ehr Vertälln – mit de Mannslüd nix in'Sinn harr. De vörnehmen Lüd in't Dörp, so as Madam Jonas un Madam Andresen, segen dat dör en annere Brill. Se weern uprigtig besorgt över de »moralische Verfall« un sproken vun en Skandol.

Dat weer en lange Tied för de Nachtwächter, vun Klock ölwen bit Klock söß lang de Straten to gahn. De Tied güng beter, wenn he mangdör – so as hüt – sien Gedanken frie Loop leet. Jonas Jürgensen weer an de Buterkant vun't Dörp ankam. De düstere Wulkendeek reet af un to up, un denn keek de Mond nüschierig hendol. In de hochen Ulmen bi Carsten Schmidt schreeg en Uhl. Höre sick unheemlich an.

Awer, wat weer dat? In'Westen lüchte dat rot up. Glieks dorup worn de Bewahner ut'n Slaap räten: De Nachtwächter Jonas Jürgensen leep dör't Dörp un blase up't Füerhorn . . .

Dat dure nich lang, bit de ersten Füerwehrlüd ünnerwegs weern. As dat Gespann vun Harrislee-Hoff angaloppert keem, weer alles parat. De Peer worn in een Fohrt vör de Sprüttenwaag spannt, de Füerwehrlüd sprungen herup, un denn güng't in Düvelsfohrt herut ut'Dörp un langs de Ossenwech. Stunn fast, dat' wedder in de Schäperhus-Krog brenne. De Sprüttenmeister Asmus Weber, Smidt Lüders un Korl Rademoker seeten vörn up de Waag. Dat weern Lüd, up de Verlaat weer un de bi de Füerwehr nich to ersätten weern. De Sprüttenwaag un de Hufen vun de galopperende Peer moken so veel Larm, dat de Füerwehrlüd up de Waag meis nich ehr egen Wurt verstunnen. Upmol schreeg eener dör de Nacht:
– »Wi hem Korl Rademoker verloren . . .«

Anholen kunnen se nich. De Sprüttenwaag suse wieder langs de Ossenwech. As de Rademoker sick ut de Schossehgraben herutsammelt harr un faststelle, dat de Knaken noch heel weern, moke he sick to Foots wieder up de Wech.

Salamonski's Krog brenne an alle Kanten. Glücke de Füerwehrlüd awer liekers, de meisten Saakens ut de Krog to redden. An de Strat türme dat sick nu op: Stöhle, Bänke, Dische un Schappen un dormang Betten, Tüch, Fatten mit Beer. Mitten mang dat grote Döreenanner stunn awer ok – wat sick noher herutstelle – en Vagelbuer mit Salamonski's Papagei.

Ok wenn't Füer mitten in de Nacht utbraken weer, harr't veele Lüd antrucken, de helpen wulln – oder blot nüschierig weern.

Weer ok en öllere Fru dormang, de dör dat Füer rein tumpig worn weer. Se bleev bi to jammern:

– »Wat vun Unglück, wat vun Unglück,
de Schäperhus-Krog brennt...«

– »Hol nu endlich de Klöter«, reep en Füerwehrmann, de't langsam to veel wor. Dor sweeg se still. Awer glieks dorup schreeg en heesche Stimm mitten ut de Stapel vun Schappen, Stöhle, Potten un Pannen:

– »Wat vun Unglück, wat vun Unglück,
de Schäperhus-Krog brennt...«

De Lüd keeken sick grot an un gloovten, dat güng mit'n Düvel to. Toletzt güng se en Licht up: Dat weer Salomonski's Papagei, de sick dat Gejammer vun de ole Fru upmarksam anhört harr.

Woran man sick noh de Brand am besten erinnere, weer awer nich de Geschichte mit Salamonski's Papagei un ok nich, dat Korl Rademoker ünnerwegs vun de Sprüttenwaag full. Dat weer dat Mallör, dat up de Rüchwech passeere:

In'letzten Oogenblick, as de Füerwehr grade afrücken wull, harr de Kröger Salamonski de Sprüttenmeister Asmus Weber noch en Buddel Brannwien in de Hand drückt, de he glieks in de Jackentasch stook. As se denn lang de Ossenwech torüchfohrten, weern de Peere vun Harrislee-Hoff noch bannig wild vun't Füer un dör de Spektakel vun herünnerstörtende Muerwark un Balken. Se güngen glieks in scharpe Draff över. De Sprüttenmeister Asmus Weber seet up een vun de Peer vun Harrislee-Hoff, wor se vörbi sulln. Se keemen ümmer neeger an de Hoff. Dor passeere dat: De Sprüttenwaag verlor en Rad, un de rulle de eene Peerd mang de Achterbeen. Nu weern de Peere nich mehr to holen: Se steilten, sprungen los un reeten Geschirr un Hammeltaue entwei. De Sprüttenwaag mit de Füerwehrlüd bleev up de Ossenwech torüch. För de Sprüttenmeister Asmus Weber, de sick up de eene Peer vertwiefelt fasthole, güng de Reis wieder. Weer so, as se dat in'School hört harrn vun »Lützows wilde, verwegene Jagd«. Wat em am meisten Sorgen moke, dat weer de »Buddel«. Wat sull blot ut de Buddel Brannwien warn? Seet noch ümmer in de Jackentasch, un he drücke de Flasch fast an de Boß. Nu weern se bi de Hoff. De Brune kenne sick hier ut: Suse dör de

Infohrt up de Hoffplatz herin un galoppere denn up de Stalldör to. De ünnere Hälvte weer to. Awer dat Peerd weer nich to holen. Sprung mit de Vörderhufen gegen de Dör un lande mitten in de Peerstall. De Sprüttenmeister Asmus Weber full dorbi vun't Peerd un seet – in vulle Uniform – mit de Achtersteven up de Steenplaaster. He föhle noh de Jackentasch, un dat erste wat he sä weer:
– »Gott sei Dank, de Buddel is heel...«

Max un Marie

Gifft Lüd, de sünd ut' Dörpsbild nich wechtodenken. Bi uns in't Dörp weer dat tom Bispeel Miene, de Zeitungsfru, de't in ehr Lewen swor hat harr un bi fremde Lüd upwussen weer. Miene weer ümmer vergnögt, harr ümmer veele Iesens in't Füer, un wenn se mit de swore Zeitungstasch vun Dör to Dör leep, güng dat ümmer »hees, bees«, as se sä. To't Dörpsbild hörten ok de Husslachters Peter Rasmussen un Jakob Slachter, de menni mol in de Krog seeten, wenn't Woter un de Swien tom Slachten parat weern, Peter Dän, de ümmer to Spoß upläggt weer oder »Lillemann«, vun de man lehrn kunn, dat' »Geld up de Strat liggt«. He kunn alles bruken, ok de Peerappeln, de för sien Eerbeern good weern.

Siet he Rentner weer, höre to't Dörpsbild ok Max Pörksen, de an de Musbeker Wech wahne, wor he en grote Gorn harr. In'Sommer, fröhmorgens, truck Max mit sien tweerödrige Handkor – beladen mit Bloomen un Gröntüch – dör't Dörp. He harr ümmer en rode Nelk oder en Roos an de blaue Schirmmütz, weer kandidel un fleute sick en Stück. Max weer en Mensch, de mit de Welt un mit sick sülm tofreden weer. Dorbi weer he vun de Menschheit slecht behannelt worn, un he un Marie kregen blot en lütte Rente. Dat se em slecht behannelt harrn, hung dormit tosam, dat he vör umbi 50 Johr as Schoolmeister en »Berufsverbot« kreg, de em ut de Lewensbahn smeet un em un Marie düer to stahn keem. Häst' richtig lesen: En »Berufsverbot«, de't noch ümmer gifft, is – genau genahm – en ole Hoot. Ok um 1900 worn Beamte ünner de Lup nahm, ok wenn't dormols wull nich över de Stratenfegers hergüng. Dat seeg swatt ut, wenn en Beamte sick för soziale Politik interesseere un dorup spekuleere, de Welt to verbetern. Denken, dat kunn grad noch angahn, awer wat lut säggen, dormit kunn de Övrigkeit sick nich affinnen. Tom groten Deel hät man doran ok in unse »demokratische Tied« fastholen. Is jo ok richtig, nich wohr? Veele denken noch ümmer: Wor söht wi henkam, wenn en Kirl vun de Müllabfuhr, en Postbote, en Lokföhrer – oder gor en Schoolmeister – sick erdriesten, Vadder Staat, de Regeerung, en Börgermeister oder en Gemeenderat to kritiseeren un dorup ut sünd, wat to verännern. Is sowat – frogen se sick – nich meis so slimm, as de Demontasche noh de tweete Weltkrieg, as de Fabriken in de Luft sprengt worn un bit to de letzte Patron afrüstet wor? Dormols, as't faststunn, dat Krupp in Tokunft keen Kanonen mehr bun un in't Ruhrgebiet blot noch Kartüffeln plantet warn sulln.

Awer nu will ick erstmol vertälln, wodennig dat mit Max sien »Berufsverbot« vör achtig Johr weer:

Max weer an' 3. November 1876 in Ottensen bi Altona to Welt kam. He weer en plietschen Jung, un as he mit de Schooltied ferdig weer, keem he dree Johr up't Lehrerseminar. Güng alles klor. He wor Schoolmeister un harr intwischen twee Johr ünnerrichtet. Awer Max harr en »gefährliche Egenschap«: He wull de Welt verbetern, un he sprook dat aben ut. Wenn't noh em un noh de Meenung vun sien Mackers güng, sull en Arbeiter sick nich mehr 60 bit 70 Stunnen de Woch afmarachern. He sull nich mehr för en Hungerlohn arbeiten, nich to jede Tied en Spark kriegen köhn, un't sull Urlaub un Arbeitslosengeld geven. För de Lüd, de an't Ruder stunnen – un't sülm good vörstellt harrn – weer he dormit meis en »Uprörer«. Gott sei Dank, sän se sick, geev dat en »Berufsverbot«. De Tähn sulln se em wull trucken kriegen.

De Schoolmeister kreg en Spark un stunn nu dor mit leere Hänner. Se leten em blot de Utwech, sick mit disse Hänner dör't Lewen to slahn. Max harr intwischen sien Marie kennenlehrt, un se harrn heirat. Se kregen dat swor: Toerst wahnten se in en lütte Rökerkaat. Dor keem dat erste Kind in't Stroh to Welt. Dat weer nich veel anners, as mit Maria un Joseph un dat Jesuskind in de Stall vun Bethlehem. As de erste Wiehnachtsobend anbrook, harrn se blot dröge Brot in't Hus.

De Schoolmeister wor Arbeitsmann in de Zementfabrik in Ütersen bi Itzehoe: Twölf Stunnen de Dag Kriet löschen. Weer en Slavenarbeit. Noh en 72 Stunnen-Woch weern an'Sünnobend grade 12.40 Mark in de Lohntüt. Twölf Johr musse Max dat utholen in de Zementfabrik. Se harrn dat swor, awer Max un Marie worn liekers en goode Spann.

Awer nu will ick erstmol wat vun Marie vertälln: Se weer in en lütte Dörp an de Elv as een vun 9 Geswisters up de Welt kam. Vadder harr en Bootsfähr un rudere vun morgens bit obends över de Elv. In de harte Wintertied, wenn de Bootsfähr still leeg, musse toverdeent warn, dormit se »dat dägliche Brot« harrn. Dorum sneed' he mangdör up de Sulsand, mitten in de Elv, Wiecheln, de to Körve verarbeit' worn. Wenn Vadder up de Sulsand weer, keem't vör, dat he sick up en lütte Iesscholl dör de Elv noh Hus drieven leet. Weer en gefährliche Kram. Ok wenn se 9 Kinner to versorgen harr, arbeite Mudder öft bi de Buern. De Kinner mussen ok fröh mit toverdeenen. As Marie teihn weer, keem se menni mol mit herut up't Feld, un wenn Mudder bi't Schocken weer, släpe se de sworen Neeken heran. Mit 14 keem Marie ut to Deenen bi en Buer. Vun de Johreslohn vun 25 Doler wor dat meiste to Hus afgeven, dormit de Ollern un Geswisters satt warn kunnen.

Marie harr dat ümmer swor hat, un se harr ok nich klagt, as se mit Max in de Rökerkaat intruck, wor se menni mol blot dröge Brot harrn. De twölf Johr in de Zementfabrik bi Itzehoe weern en harte Tied för Max. Awer sien Lewen bestunn Gott sei Dank nich blot ut Arbeit. Wat em över Woter hole, weer sien Geig, un wenn Fest weer, speele he up to Danz. Dat Geld keem ümmer en dröge Sted hen.

Kort vör de erste Weltkrieg truck de Familie mit de dree Kinner noh Flensburg, un se kregen en lütte Wahnung in't Arbeiterdörp an de Buterkant vun de Stadt. Dor hät Max – bit he Rentner wor – up de Schippswerft arbeit. In' Anfang geev dat ok hier en Twölfstunnendag, awer dat weer recht wat beter, as de Slavenarbeit in de Zementfabrik in Ütersen.

Eenes Daags weer Max denn ferdig mit sien Berufslewen. Rentner warn weer för em keen grote Problem. Sien Lewen lang harr he nebenbi Musik mokt un af un to ok to Danz upspeelt. De Geig güng ok wiederhen mit em dör't Lewen. Mit de grote Gorn leet sick de Rente upbetern. Dor worn Bloomen un Gröntüch anbut un an Privatlüd un Hökers ünnen in de Stadt verköff.

Sietdem seeg man Max in de Sommer- un Harvsttied meis jede Dag mit sien tweerödrige Handkor, beladen mit Bloomen un Gröntüch, dör't Dörp fohren: Ummer kandidel, mit en rode Nelk oder en Roos an de blaue Schirmmütz, worbi he sick en Stück fleute: He weer nu ok een vun de Lüd, de ut'Dörpsbild nich wechtodenken sünd, eener, de in'Alldag för Kulör sorge. Se harrn em nich kleen kregen, ok wenn se em de Stävel in de Nack sätt harrn, weil he för dat up de Barikaden güng, wat hüt en natürliche Tostand is. Wer sien Lewen kenne, kunn't nich faten, dat he ümmer kandidel weer un fröhmorgens mit de Lerken um de Wett fleute. Dat weern wull de Geig, de Bloomen un dat goode Geweeten, de em över veele swore Stunnen henwech hulpen hem.

Zigeuner in't Dörp

De breede, sandige Feldwech güng noh de ole Stadtwech hendol. To beide Sieden weer en Wall mit Wittdorntuhns, de in' Sommer vull weern vun rode Millerbeern. Wenn't up de Koppeln nix Beteres geev, weern wi ok dormit tofreden, denn wi weern in de Johre noh de erste Weltkrieg nich krütsch. Achter de Tuhns leeg unse Badested' – de Sandkuhl – Kornfeller un Graskoppeln, de bit noh't Moor hendolgüngen. Passeere nich veel an de sandige Feldwech. In' Sommer un up'n Harvst worn de Köh morgens un obends vörbidreven. Keem ok vör, dat en Peergespann noh de Stadtwech herünner drave.

Awer denn geev dat upmol Lewen: De Zigeuner keemen mit en grote Kaleschenwaag, de vun veer lütte, struppige Peer trucken wor. Se keemen mit veel Spektakel un Pietschengeknall. Meistens lagerten se sick an de breede Feldwech mang de Wittdorntuhns. As Kinner stunnen wi denn en Stück dorvun un wunnerten uns blot, wor veele Zigeuners ut de Kaleschenwaag herutklarrten. Weern en Deel Mannslüd, de dat Wurt föhrten un sick am meisten um de Peer kümmerten, junge Deerns in bunte Kleeder, mit swatte Hoor un düstere Oogen, ole Fruens mit garvte Gesichtshut, de blot ut Falten bestunn – un en Hupen larmende Kinner. Potten un Pannen worn ut de Waagen herutdragen un en Füersted inricht. En Grapen keem to Füer. Wor herumkökscht un äten, un de Larm weer wiet wech to hören.

De Zigeuner trucken uns an. Wi weern awer ok en bet bang vör se un bleven so wiet wech stahn, dat wi – wenn't nödig sien sull – gau utpicken kunnen. Up bunte Bläder, de't in de Stadt to koopen geev, harrn wi lesen, dat Zigeuner Kinner entföhrt un in ehr Kaleschenwaag mitnahm harrn. Wenn't bither ok nich vörkam weer, kunn man jo liekers nich weeten.

De Zigeuner bröchen Lewen noh de ensame Feldwech. Wenn't anfung, düster to warn, drogen se Holt tosam un moken dat Lagerfüer an. Se lagerten sick rundherum, un af un to full de Füerschien up de brunen Gesichter. Keem ok vör, dat en Zigeuner up de Vigelien speele, un denn weer't, as wenn dat Lengen mitswung noh de wiede ungarische Pußta, wor se – noh dat, wat wi in de School hört harrn – herkam weern. Fleddermüs schooten över de Feldwech, un in de Dieken rundherum quarken de Tudsen. Wulln ok ehrn Bidrag geven to dat Konzert.

De anner Morgen worn de struppige Peer wedder vörspannt, un mit veel Spektakel un Pietschengeknall güng't wieder. Weer en Nomadenvolk, de ümmer ünnerwegs weer. Keener kunn säggen, wor se – in graue Vörtied – herkam weern un wor de Reis to End gahn wör. En poor Johrteihnte dornoh wußten wi, wußte de Menschheit dat . . .

Dat geev to disse Tied, twischen 1916 un 1923, ok Zigeuner, de dat Lewen up de Landstrat upgeven harrn. Dat full se sacht swor, denn se harrn ümmer fri un ungebunnen lewt. Nu weer de Reis in de ole Habenstadt to End gahn. Se segen anners ut un se weern anners, as de övrigen Stadtslüd, un veele keeken scheev noh se. Se wahnten in de öllste Stadtdeel, up düstere Achterhöfe, wor't keen Sonnschien un keen Grönes geev, in graue Mietshüser, wor't över afslätne Treppen herupgüng noh de engen Wahnungen. En Arbeitsplatz kunnen se nich finnen. Wer wull schon Zigeuner hem, de ehr egene Upfatung vun't Lewen harrn? En Zigeuner kunn sick ok nich denken, up de Werft oder in en Fabrik insparrt to warn un fröhmorgens up Klockslag up en Arbeitsplatz to sien, wor de Meister ümmer achter em stunn. De Musik leeg se in't Blood, un vun de Mannslüd verdeene sick een un anner en bet Geld as Musiker in en Habenkneipe. Wenn Peermarkt weer, kunn man se awer ok up de Flensburger Exe andrapen. Up Peer verstunnen se sick noch ut de Tied, as se mit de Kaleschenwaag dör't Land fohrten, un se kennten sick ut mit de Hannel. Wenn se en Buer vun de Geest en Peer anpracken wulln, wor dat möheste Peerd to en »Halvblood«.

Mit Geldverdeenen weer't för de Mannslüd slecht bestellt. Dorum mussen de Zigeunerfruens de Familie mit de Hannel över Woter holen. Se weern dagdäglich mang de övrigen Kunnen in Peter Gramm's Laden in de Grote Strat antodrapen. Dor köffen se ehr Kortworen: Veele Slag Spitzen, Twirn, Knöp, Nadeln, Gummiband un veeles mehr. Denn güngen se up't Land herut un trucken – mit de Korv up'n Arm – dör de Dörper. Güng vun Hus to Hus.

Se keemen menni mol bi uns up'n Hoff, un wenn uns Mudder ok nich veel bruken kunn, kregen se ümmer en Tass Kaffee un en poor Stücken Brot. Weern öft junge Fruens mit en Bünnel up'n Rüch, un dorut keek denn en swatthoorige Zigeunerkind mit grote, düstere Oogen frogend in de Welt herut. De Zigeunerfruens harrn sick awer nich blot up de Hannel verläggt. Mit Wohrsäggen verdeenten se sick ok en bet Geld. Ok wenn uns Mudder nich recht doran gloove, dat se de Tokunft vörutsäggen kunnen, moke se de Spoß af un to mit. De Zigeunerin keek ehr denn in de Hand, studeere upmarksam de Handlinien un fung an to verkloren. Jeder kunn denn glooven, wat he wull. Grad in de Kriegsjohre, as de meisten Männer an de Front weern un en Lewensteeken öft utbleev, leeten veele Fruens sick wohrsäggen. De een un anner güng denn ok to en »Kortenläggersch« in de Stadt, de alles ut de Korten aflese.

Ok wenn wi in Märchenböker un up Billerbagen vun Zigeuners hört harrn, de Kinner entföhrten, weer't ümmer good aflapen. Wi truten de Freden liekers nich recht.

Dat weer in' ersten Weltkrieg, as mien Broder un ick vör unse Hus an de Strat stunnen. Ick weer dormols 8 Johr un keem mi bannig grot vör. En Stück vun uns seet en ole Zigeunerin an de Wall, de utseeg, as wenn se vun de Blocksbarg keem. Se harr ehr Hannelskorv dolsätt un weer dorbi, ehr Fröhstück to vertähren, de se ünnerwegs sacht mit inhannelt harr. Dor stook mi upmol de Haafer. Ick reep: »Zichuri«, wat de Beteeknung weer för de Kaffee-Tosatz, awer ok up en Zigeuner mönt' sien kunn. Ick harr nich dormit reknet, dat se dat mitkreg. Awer nu passeere dat, wormit ick nich reknet harr: De Zigeunerin packe ielig ehr Brot tosam, fung an to schimpen un marscheere up uns to. Veel anners weer't wull nich anfungen, wenn de Zigeuner Kinner »entföhrten«, so as wi dat lesen harrn. Nu weer't mit de Mood vörbi. Ick kneep ut över de Hoffplatz. De ole Zigeunerin weer bannig good to Beens. Se weer mi dicht up de Hacken un bleev bi to schimpen. Ick störte in de Kök herin, wor Mudder an de Herd stunn, leep – ohne wat to säggen – an ehr vörbi, in de Slaapstuv herin un sprung herut ut'Fenster, de Gott sei Dank grade apen stunn. Uns Mudder kreg denn en Vördrag to hören över »de frechen Görn«. De Arger geev sick erst, as Mudder de Zigeunerin Twirn un Hoornadeln afköffe un ehr ok noch to de ünnerbrakne Fröhstück en Tass Kaffee inschänke. Ick leeg to disse Tied al ünnen in de Wisch in de blöhende Wittklee, keek in de Himmel herup, wor witte Wulken vörbidreven un danke de Herrgott, dat' ditmol noch so good aflapen weer. Dat' al Swinnel weer, wat över de Zigeuners vertällt wor, hät Mudder uns noher vertällt.

De Zigeuner sünd verswunnen. Ok in de ole Habenstadt sünd se nich mehr antodrapen. Noh de letzte Krieg wor't över 30 Johr verswegen, dat blot 30.000 Zigeuner överlewt hem. För över 500.000 Zigeuner is »de lange Reis«, de se in graue Vörtied vun Indien, dör Persien un noh Middel- un Westeuropa bröche, to End' gahn. Se worn in de Konzentratschonslagers vun Auschwitz, Bergen Belzen un Birkenau umbröcht: Vergast, dodschaten, dodslahn. Fruen un Kinner weern in de Overtall. Steiht fast, dat in Birkenau an een enzige Dag 4500 Zigeuner in de Vergasungsrüme herindreven worn. Vun Oogentügen is uns överlewert, dat ehr Schrie – wenn se in'Dod güngen – as en Klagemuer noh'n Himmel steeg. Menni mol denk ick noch an de jungen Zigeunerinnen, de bi uns Mudder ankloppen, Spitzen, Knöp oder Twirn verköffen un wohrsäggen. Denn seh ick noch dat Bünnel up de Rüch, worut en swatthoorige, unschullige Zigeunerkind mit düstere Oogen frogend in de Welt keek. Se hefft al – Kinner, Müdder, Männer – de Wech gahn mußt noh Golgatha. Is't to verstahn, dat de Sonn noch up de Menschheit schient? De Herrgott is langmoodig wesen . . .

Denn is Fröhjohr.

Wenn de Kiewiet schriet över't wiede Feld
un de Lerken stahn an't Himmelstelt,
wenn de Goldammer piept in't Dorngebüsch
un de swattbunten Köh gahn up de Wisch,
denn ward Fröhjohr.

Wenn de Spreen fleut' in' Kastanienboom
un de Welt is schön, as weer't en Droom,
wenn Sonnschien liggt över dat wiede Land
un de jungen Lüd gahn Hand in Hand,
denn ward Fröhjohr.

Wenn de Bussard hoch baben in't Blaue drifft
un Sonnschien up de Grenzgraben liggt,
wenn de Wunnen vergäten sünd, de dat Lewen sloog
un al dat, worum man uns bedroog,
denn ward Fröhjohr.

Wenn Ost un West keen Stried mehr kennt
un de Muern verswinnen, de de Menschen trennt,
wenn to Schrott is worn dat letzte Bajonett
un de Menschheit endlich Freden hät:
Denn is't Fröhjohr.

Up de Gornbank . . .

Sitt up de Gornbank ick alleen,
dor, wor de Rosen stahn,
denn kümmt mi menni mol so vör,
as hör de Port ick slahn.

Denn is't as güngst du grad vörbi
an unse Wotertonn,
vergnögt de smalle Wech entlang,
up't Rosenbeet dor fallt de Sonn.

Denn denk ick an de Sommerdaag,
wor lang is dat al her,
se stahn noch ümmer vör mien Seel,
as wenn dat gestern weer.

Hier, up de Gornbank, seeten wi
öft in de Schummerstunn
mang Rosen, Astern, Morgenrot,
in't Fenster speegle sick de Sonn.

Hoch baben in de Ulmenboom
en Drossel fleut' vull Leev,
un dröben, in de Nohverschap,
en Macker Antwurt geev.

Nu sleit de Klock, is Middernacht,
dodmöh gah ick to Roh,
dör't Fenster fallt dat Sternenlicht,
un ick entbehr di so.

Ach, kunn ick rüchwarts dreihn de Tied,
wor wi so glücklich weern,
kunn ick blot eenmol säggen noch:
Ick heff di jo so gern . . .